Anna Grammah

Müssen wir schon wieder machen, was wir wollen?

PIPER

Zu diesem Buch

Anna Grammah ist Erzieherin mit Leib und Seele. Tag für Tag stellt sie sich den Herausforderungen zwischen nassen Strumpfhosen, laufenden Nasen und Mitarbeitermanagement oder beruhigt geduldig hysterische Eltern, die ihren Nachwuchs nur widerstrebend den Gefahren der Puppenecke aussetzen wollen. Nur, wenn einem von den ganz Kleinen mal wieder die Windel dampft, hat die sonst coolste Kindergärtnerin der Welt die Hosen gestrichen voll …

Anna Grammah arbeitete als Kinobetreiberin, Drogentherapeutin, Konzertveranstalterin, Gastronomin und in einigen anderen Berufen, ehe die Sozialpädagogin und Betriebswirtin zum Erzieherberuf zurückkehrte. Seit sieben Jahren leitet sie eine große Elterninitiative in München.

Anna Grammah

Müssen wir schon wieder machen, was wir wollen?

Meine Geschichten aus dem Kindergarten

Piper München Zürich

Mehr über unsere Autoren und Bücher:
www.piper.de

MIX
Papier aus verantwortungsvollen Quellen
FSC® C083411

Originalausgabe
April 2013

Umschlaggestaltung: semper smile, München
Umschlagabbildung: Jörg Mühle
Innenillustration: Jörg Mühle
Satz: Kösel, Krugzell
Gesetzt aus der ITC Mendoza
Papier: Munken Print von Arctic Paper Munkedals AB, Schweden
Druck und Bindung: CPI – Clausen & Bosse, Leck
Printed in Germany ISBN 978-3-492-30043-8

Casting-Show

»Penis! Scheide! After! Vulva!«, rufe ich laut in den Saal hinein. In unserem Turnraum, in dem bis eben noch ein Nebel aus gemurmelten Gesprächsfetzen waberte, herrscht augenblicklich Stille. Etwa achtzig Augenpaare starren mich entsetzt an.

Heute ist der jährliche Informationsabend in unserem Kindergarten. Für die hier anwesenden Eltern werden dieses Jahr im September neun Plätze zur Verfügung stehen. Wir haben wie immer sehr viel mehr Bewerbungen als freie Plätze, und weil wir eine Elterninitiative sind, fackele ich nicht lange, gleich zu Beginn die Spreu vom Weizen zu trennen.

Elterninitiative heißt bei uns im schlechtesten Fall, dass ungefähr hundertvierzig Personen sich als Chefin oder Chef fühlen. Logisch, dass sich bei uns viele Schwabinger Alphatiere bewerben, die sich dazu berufen fühlen. Doch wir suchen Eltern, die nicht nur reden, sondern mitarbeiten. Wir suchen Eltern, die bereit sind, mehr Geld als üblich zu zahlen, die bereit sind, zu putzen und andere anfallende Arbeiten zu erledigen, und denen unser pädagogisches Konzept gefällt. Und dieses Konzept erkläre ich alljährlich so konkret wie möglich an handfesten Beispielen – es soll da später keine Missverständnisse geben. Nach zehn Jahren Erfahrung als Leiterin des Kindergartens habe ich diesen Vortrag schon oft gehalten, und damit es mir selbst nicht zu langweilig wird, suche ich mir immer einen neuen Aufmacher. Der diesjährige macht mir einen Mordsspaß!

»Penis, Scheide, After, Vulva«, wiederhole ich nun mit gemäßigter Stimme, »finden Sie, dass Ihre Kinder diese Wörter kennen sollten? Wir schon. Und damit begrüße ich Sie zu unserem heutigen Informationsabend. Dass Kinder diese Worte genauso natürlich aussprechen können wie Messer, Tasse und Teddybär, ist für uns eine wichtige Bedingung, um sexuellem Missbrauch vorzubeugen, und mit diesem Thema will ich heute starten. Denn natürlich wollen sich Kinder in der Phase der Geschlechterfindung ansehen, vergleichen, berühren und riechen. Wer dies verbietet, bereitet jedem Kinderschänder den wunderbaren Nährboden des Nicht-darüber-reden-Dürfens.«

Während ich also über unseren Umgang mit Sexualität im Kindergarten referiere, sehe ich schon das erste Pärchen unauffällig aufstehen und den Raum verlassen. Gut so. Erste Spreu geht. Die nächsten verlassen uns beim Thema Öffnungszeiten und Beiträge. Weitere beim Thema Elternengagement. Putzen ist ein Dauerthema im Kindergarten. Auch die großverdienenden Eltern müssen selbst putzen und – nein – sie dürfen nicht auf eigene Rechnung ihre polnischen Putzfrauen schicken. Wir wollen keine sozialen Unterschiede in der Elterngruppe. Anträge, dies zu ändern, gibt es immer wieder, doch sie scheitern regelmäßig in den Mitgliedervollversammlungen unseres Vereins, die zirka zweimal im Jahr stattfinden.

Die immerhin noch etwa siebzig verbleibenden Eltern kommen unter anderem in den Genuss einiger meiner Lieblingsanekdoten zum Thema Missverständnisse zwischen Kindern und Erwachsenen. Die Bereinigung von Missverständnissen ist etwa die Hälfte guter Erziehungsarbeit!

Grundsätzlich wollen Kinder, wie eigentlich alle Menschen, ihre Sache gut machen. Und sie wollen vor allem für ihre geliebten Eltern die Sache gut machen, denn diese haben bei Kindern ungefähr den Status von Göttervater Zeus und Göttermutter Hera.

Missverständnis unter Handwerkern

Im Kindergarten findet das jährliche Renovierungswochenende statt. Ungefähr dreißig Eltern streichen, putzen und sanieren. Jemand vom Schlag Sherlock Holmes könnte anhand der Spuren an den Gängen sowohl die Essgewohnheiten als auch die Tätigkeiten des letzten Jahres ablesen. Es ist nicht so, dass die Kinder Minivandalen wären und die Wände mit Absicht ruinieren, aber es kommt mal vor, dass man sich beim Gummistiefelanziehen an der Wand abstützen muss und zufällig noch Erdbeermarmelade von der Brotzeit an den Fingern hat oder dass man mit Fingerfarben ein wunderbares tiefblaues Bild kreiert hat (und das ganz ohne vorherige Auseinandersetzung mit Yves Klein) und berauscht und beglückt vom künstlerischen Schaffensausbruch tanzend beim Weg zum Händewaschen die Wand streichelt, oder man plötzlich einen Popel am Finger hat und nicht weiß, wohin auf die Schnelle, weil schon die Freundin ruft oder man schon seinen Namen schreiben kann, obwohl man erst drei Jahre alt ist, und nun will man natürlich, dass die Welt an diesem Ereignis teilhat.

Fakt ist: Jedes Jahr muss gestrichen werden. Dieses Jahr haben sich die Eltern für himmelblaue Farbe entschieden, denn Blau beruhigt angeblich. Sie haben bereits den Gang gestrichen, da ist zu hören:

»Oh nein, das gibt's doch wohl nicht, jetzt schaut euch das mal an! Die Farbe ist noch mal trocken!«

Alle Eltern folgen dem Entsetzensschrei und versammeln sich vor einer Stelle an der Wand, die in der Tat großflächig bekritzelt ist. So beruhigend kann Blau eigentlich nicht sein, denn die zirka fünfzehn Gangstreicher-Eltern starren völlig außer sich und keineswegs ruhig die Wand an. Da tönt in das fassungslose Schweigen ein kleines, zartes, verunsichertes Stimmchen:

»Aber schön, gell?«

Das dünne Stimmchen gehört zur vierjährigen Maja-Luise, die vorher niemand bemerkt hat und die nun allein inmitten der Erwachsenenmenge steht und zu den Eltern mit großen Augen ängstlich hochsieht. Alle starren Maja-Luise an, und dann starren alle wieder die Wand an, und dann geschieht das Wunder:

Plötzlich können es alle sehen! Die Wand verwandelt sich vor den Augen aller. Sie ist nicht mehr verkritzelt! An ihr prangt ein wunderbarer Stern von zwei Metern Durchmesser, und jede der gekreuzten Linien ist mit einer anderen schönen Wachsmalfarbe gestaltet.

Da hat sich jemand zweifellos Mühe gegeben!

Die Mutter nimmt, den Tränen nahe, ihre Tochter in den Arm und flüstert ihr mit gebrochener Stimme ins Ohr:

»Ja mein Liebling, das hast du sehr schön gemacht.«

Und auch die anderen Erwachsenen murmeln ein paar Komplimente und trollen sich wieder. Allen ist klar geworden, dass Maja-Luise nur mithelfen wollte, den Kindergarten wieder schön zu machen.

Der Stern wird nun als Mahnmal für Missverständnisse – und das Verstehen muss immer auf der Seite der Erwachsenen sein, die den Kindern immerhin zwanzig oder dreißig oder sogar vierzig Jahre Lebenserfahrung voraushaben, um das mal sehr deutlich klarzustellen! – ein ganzes Jahr lang an der Wand bleiben. Bis zur nächsten Renovierungsaktion.

Missverständnis bei der Berufswahl

Folgendes Wissen über Missverständnisse habe ich von einem kleinen Jungen namens Benni:

»Ich möchte mal Polizist werden, wenn ich groß bin, weil Polizisten immer eine Waffel bei sich tragen.«

Missverständnisse im Sprachgebrauch

Es ging bereits lange vor Weihnachten los. Vanessa, ein sechsjähriges Vorschulkind, konnte dass Wenige, das sie aß, kaum bei sich behalten, übergab sich fast täglich, nässte nachts ein und weinte wegen jeder Kleinigkeit. Sie hatte schon zwei Kilo abgenommen. Besuche beim Arzt brachten keine Diagnose. Die besorgten Eltern schickten Vanessa schließlich zum Kinderpsychologen – keinerlei Änderung.

Am Sylvesterabend fragte Vanessa, ob sie denn heute ihre Schultüte bekäme, weil sie ja morgen in die Schule gehen müsse.

So viel zur gängigen Aussage: »Nächstes Jahr kommst du in die Schule.«

Die Eltern klärten diesen Irrtum auf, und Vanessa war am nächsten Tag symptomfrei.

Missverständnis unter Interieurdesigninteressierten

Ich habe ein fünfjähriges Zwillingspaar, zwei Jungs, in meiner Gruppe. Wochenlang beherrschte ein einziges Thema die Gespräche der Eltern, nämlich die Anschaffung eines weißen Sofas. Die Eltern berieten sich mit mir und mit anderen Eltern, ob es noch zu früh wäre, ein weißes Sofa zu kaufen, denn die Jungs waren ja noch so klein. Die anderen Eltern erzählten Horrorstorys vom Schicksal ihrer Sofas und schrecklichen Zwischenfällen mit anderem empfindlichem Mobiliar. Auch die beiden Jungs erzählten in der Kindergruppe, dass ihre Eltern sich zwar gerne das weiße Sofa kaufen wollten, aber Angst hatten, dass es schmutzig würde. Denn bei Weiß sieht man ja alles!

»Bei Weiß sieht man alles!«, das war der meistgesprochene Satz zu diesem Thema.

Alle Warnungen in den Wind schlagend und auf ein günstiges Schicksal hoffend, bestellten die jungen Schwabinger Eltern trotzdem das schicke weiße Designersofa, auf das sie lange gespart hatten und das sie sich so sehr wünschten.

»Bei Weiß sieht man alles!«, hing wie ein Damoklesschwert über den Zwillingen.

Das Sofa wurde am Dienstag geliefert.

Am Donnerstagabend, 23 Uhr, war es nicht mehr weiß.

Was war geschehen? Irgendwie spürten die Zwillinge, dass die Bei-Weiß-sieht-man-alles-Debatte mit ihnen in Zusammenhang stand. Zudem teilten sie mittlerweile die Sorge der Erwachsenen, dem Sofa könnte etwas passieren. Als die Eltern am Donnerstagabend zu den Nachbarn auf ein Schwätzchen und ein Glas Wein gingen, war der Plan längst gereift: sie würden die Eltern von dieser Sorge befreien, und es sollte eine sehr schöne Überraschung für sie werden!

Sie ließen sich wie jeden Tag brav (an diesem Abend sogar besonders brav, und im Nachhinein könnte man sagen, das hätte den Eltern zu denken geben sollen) ins Bett bringen. Kaum waren sie alleine, gingen sie ans Werk. Sie mussten sehr leise sein, denn wie immer hatten die Eltern die Türen der beiden Wohnungen offen stehen. Es war alles genau überlegt: Das Sofa musste von der Last des furchterregenden Weiß befreit werden. Und es sollte natürlich eine echte Qualitätsarbeit werden.

Die Zwillinge verbrauchten den gesamten Nagellackvorrat ihrer Mutter (weil Nagellack viel haltbarer war als ihre Stifte und außerdem den Vorteil hatte, beim Waschen nicht herauszugehen ... sogar das hatten sie bedacht) und bemalten zwei Stunden lang mit äußerster Konzentration und ohne Lärm zu machen das Sofa. Es gab jetzt einen Menge Saurier in sattem Rubinrot, provokativem Orangerot, klassischem Zinnoberrot, intimem Bordeaux, verhaltenem Malve, verträumtem Altrosa und auch ein paar wenige in einer Art Preußischblau (blauer Nagellack war zum Bedauern der Jungs nur einmal vorhanden). Als Zugeständnis an den Geschmack der Mutter (Frauen lieben Blumen, und sie wollten ja wohl beiden Eltern eine Freude bereiten) rankten sich zwischen den Sauriern noch Blümchen, Monde, Sternchen etc. Dass der Vater immer völlig ausflippte vor Begeisterung, wenn sie ihm eine Saurierzeichnung schenkten (Saurier waren die Keypieces der aktuellen künstlerischen Schaffensperiode der Zwillinge, die sich gerade dem Themenkreis »gefährliches Ding, gefährliches Tier« widmeten), wussten sie ja bereits.

Meine Ausführungen, die mit verständigen Lachern quittiert wurden, fasse ich noch mal für die Eltern zusammen: »Missverständnisse zu bereinigen, ist also eine unserer Hauptaufgaben im Kindergartenalltag. Wir schimpfen nicht, wir erklären.«

Nach einer Stunde Referierens über gute Pädagogik sehe ich, dass sich über die anfangs skeptischen Mienen der Eltern pure Glückseligkeit gelegt hat. Versteht sich von selbst, dass alle einen Platz bei uns haben wollen. Geht aber nicht. Wie anfangs erwähnt: siebzig Bewerber für neun Plätze.

Mit allen Bewerbern führen wir Aufnahmegespräche und versuchen, die passenden Initiativeltern herauszufiltern. In der Regel ist das schwierig, denn die meisten Eltern, die sich bei uns bewerben, sind sich ja schon bewusst, dass dies ein kinderfreundlicher und kein elternfreundlicher Ort ist: viel Arbeit, zu kurze Öffnungszeiten, zu hohe Beiträge.

Manchmal machen es uns die Bewerber aber ganz einfach: »Ich möchte mein Kind unbedingt in diesen Kindergarten schicken, damit es gleich guten Umgang hat. Sie haben ja so einen guten Ruf und auch immer einige prominente Eltern. Wissen Sie, in unserem Kindergarten in der Nachbarschaft sind ja die Hälfte Ausländer.«

Einfacher und eindeutiger kann man sich nicht rauskicken!

Oder so:

»Ist das hier so 'ne Art Kinderladen, in dem die Kinder tun und lassen können, was sie wollen?«

In das blecherne, selbstgefällige Lachen meines Gegenübers mischt sich das gekonnte Schleimabhusten des starken Rauchers.

»Gesunde Kinder spielen ausgesprochen gern, was sie wollen«, antworte ich eisig. »Wenn ein Kind nichts mit sich anzufangen weiß, deutet das eher auf einen defizitären Hintergrund.«

Mein Gegenüber ist, ungeachtet des Halteverbots, mit seinem Porsche Cayenne bis an unsere Kindergartentür gefahren. Er sucht einen Kindergartenplatz für seine zwei Mädchen, da er bald mit seiner Familie von Stuttgart nach München ziehen will. Während der Führung durch unser Gelände bleiben mir seine abfälligen Blicke nicht verborgen. Zugegeben, es schaut in unserem Kindergarten für den Laien etwas chaotisch aus, kaputte Staubsauger, halbverrottete Bretter und herumliegende alte Autoreifen im Garten und so weiter. Ich verzichte darauf, ihm unser Außenraumkonzept zu erklären.

»Sie haben hier wohl viele Sozialhilfeschmarotzer, was? Meine Familie würde in dieser Umgebung ja wohl jede Menge Sozialneid ernten«, fährt der Unsympath fort.

Ich betrachte ihn nun genau: spärliches, sehr kurzes aschblondes Haar, zwei seltsam spitzige Eckzähne, sorgfältig gepflegte Fingernägel, jedoch nicht manikürt. Die Schuhe teuer, jedoch nicht handgenäht. Anzug und Polohemd: bekannte teure Marken. Am Handgelenk eine große Breitling mit vielen Funktionsrädchen, die nicht nur vom Interesse am, sondern auch vom Fehlen des guten Geschmacks zeugt. Umgangsformen etwas ungehobelt, unsensibel und angeberhaft. Mein Resümee: einer, der sich hochgearbeitet hat und als Kind viel alleine war (jemand mit wirklich gutem Elternhaus, und damit meine ich gut im Sinne von sorgsam und nicht im Sinne von wohlhabend, würde sich niemals die Blöße schlechter Umgangsformen geben) und von seiner Umwelt und wahrscheinlich auch von seinen Kindern nur eines verlangt, nämlich Leistung. Einer, der sicherlich eine Fünfzig- bis Sechzig-Stunden-Woche absolviert, wahrscheinlich mittleres Management, *double income* (denn Männer in diesen Positionen wollen sich auch mit erfolgreichen Frauen schmücken), gemeinsamer Monatsverdienst schätzungsweise nicht unter 10000 netto. Stress ohne Ende. Keine Zeit für Gefühle.

»Du bist wieder voller Vorurteile. Hör sofort mit diesen albernen Schlussfolgerungen auf«, schelte ich mich in Gedanken und antworte ihm mit einem ausgesprochen zuvorkommenden Lächeln: »Oh ja, ich kann mir vorstellen, dass bei anderen Eltern durchaus Sozialneid aufkommen könnte, wir haben in der Tat viele Eltern mit sehr wenig Geld. Vielleicht besuchen Sie einfach unseren Infoabend nächste Woche, wenn Sie Näheres über unser pädagogisches Konzept und Ihre Mitarbeit in unserem Kindergarten erfahren wollen.«

»Mitarbeit?« Er starrt mich fassungslos an.

»Ja, wir sind eine Elterninitiative und versuchen, die Beitragskosten so gering wie möglich zu halten, deshalb arbeiten und gestalten alle Eltern mit.«

»Na, da habe ich Besseres zu tun.« Indem er die

Worte ausspricht, steigt er schon in seinen Porsche Cayenne und ist weg.

So einer verliert natürlich keinerlei Zeit mit Höflichkeitsfloskeln.

Oder so: Eine sehr gepflegte, sehr langhaarige, sehr langbeinige Blondine mit riesigen Brüsten, von denen sogar ich kaum den Blick abwenden kann, kommt zum Aufnahmegespräch ins Büro.

»Ihr duzt euch ja alle im Kindergarten, deshalb darfst du gleich Cynthia zu mir sagen«, begrüßt sie mich.

Ich begrüße sie ebenfalls freundlich.

»Guten Tag, wir haben eigentlich vereinbart, dass wir bei den Aufnahmegesprächen gerne die ganze Familie kennenlernen wollen. Kommt dein Mann später?«

»Nein, mein Mann ist Arzt.«

»Was heißt das? Hatte dein Mann einen Notfall?

»Aber nein, mein Mann ist Schönheitschirurg.«

»Also kommt dein Mann?«

»Aber nein, ich habe doch gerade gesagt, er ist Arzt!«

»Verstehe, sollen wir einen anderen Termin vereinbaren, an dem dein Mann Zeit hat?«

Cynthia, jetzt sichtlich genervt und patzig, herrscht mich an: »Wie oft soll ich Ihnen denn noch sagen, dass mein Mann Schönheitschirurg ist?«

Und als sie mir während des Gesprächs auch noch stolz offenbart, dass ihre Brüste ein Geburtstagsgeschenk waren …

Und weg ist der, der's Fett wegmacht, da waren's nur noch acht … Wir suchen Väter und keine Ärzte als Mitglieder.

Eltern, deren Kinder während des gemeinsamen Gesprächs unser Büro auseinandernehmen, sprich anfangen, die Ordner aus den Regalen zu ziehen, und genüsslich Wiener Aktionismus spielen, und das unter den Augen ihrer Eltern, die nicht daran denken, einzugreifen, sondern vielmehr die ungetrübte Kreativität ihres Kindes rühmen ... auch ihre Chancen minimieren sich in der Regel. Wenn Eltern beim Aufnahmegespräch ihr eigenes Kind beschreiben, ist es im Übrigen ohnehin mit jeglicher Objektivität vorbei. Da kann schon mal eine Mutter erklären, dass ihre Laetizia so gut bei Spielkameraden ankommt, läge an der unglaublichen Schönheit ihrer Tochter, der sich einfach niemand entziehen könne, während ich aber nur ein leicht dickliches Mädchen mit großer Nase und dünnem Haar wahrnehme. Das Mädchen lächelt freundlich und offen. Den Kommentar, dass der soziale Erfolg bei Gleichaltrigen wahrscheinlich eher ihrem Charakter als ihrer Schönheit geschuldet ist, spare ich mir.

Aber dass Eltern in ihr Kind vernarrt sind, ist natürlich ein gutes Zeichen für eine intakte Beziehung, auch wenn der Sockel, auf den das Königskind gestellt wird, ein sehr imaginärer ist. Manchmal kann diese Überhöhung der Kinder auch zu äußerst peinlichen Situationen im Gespräch führen: Ein Vater schwärmt mir von der absoluten Menschenkenntnis seiner zweieinhalbjährigen (!) Tochter vor, und die Mutter bestätigt dies:

»Isabelle-Irina hat ein untrügliches Gespür. Sie kann Menschen viel früher einschätzen als wir und kann dann ihre Abneigung auch zeigen, und immer, immer stellen wir fest, dass sie dabei goldrichtig lag.«

Im selben Augenblick kommt die kleine Isabelle-Irina, die bislang friedlich auf dem Bürosofa herumturnte, auf mich zu und schlägt mir mit aller Kraft auf den Mund. Sie funkelt mich dabei bitterböse an, und die beiden Eltern erstarren zu Eisblöcken.

Ich gebe zu, auch ich war für einen Augenblick perplex. Ich versuche, die Gedanken der Eltern zu lesen. Denken sie jetzt, ihre Anwartschaft auf einen Kindergartenplatz ist damit beendet, oder denken sie, ich bin das personifizierte Böse, das ihre hypersensible Tochter grade noch rechtzeitig enttarnt hat?

Nachdem ich einem zweiten Schlag geschickt ausgewichen bin, frage ich Isabella-Irina: »Möchtest du nicht, dass deine Eltern mit mir reden?«

»Nein«, bestätigt sie und streckt mir noch die Zunge raus, ehe sie sich wieder dem Herumgeturne widmet.

»Unser Gespräch dauert nicht mehr lange«, versichere ich ihr, und den Eltern erkläre ich, dass dies eine relative normale Reaktion für eine Zweijährige ist, die die Sprache noch nicht gut genug beherrscht, um ihrer Eifersucht Worte zu verleihen.

Die Eltern sind noch immer versteinert, nicken aber brav.

Um die Spannungen zu vertreiben, frage ich, wie sie auf den ungewöhnlichen Doppelnamen Isabelle-Irina kommen. Das war Gott sei Dank die richtige Frage, denn nun lächeln die Eltern wieder. Während sie sich verliebt ansehen, erklären sie mir, dass der amerikanische Vater unbedingt einen amerikanischen Namen, nämlich Isabelle, haben wollte, während die russische Mutter auf dem Namen ihrer Großmutter, Irina, bestanden habe.

»Dann haben wir sie einfach Isabelle-Irina genannt, aber wir nennen sie eigentlich nur Eiei.«

»Wie bitte?«

»Na, wir benützen die in Amerika übliche Abkürzung für Doppelnamen, nur die Anfangsbuchstaben, also I. I. – so wie J. Lo. – sie ist ja auch in Amerika geboren.«

»Ah.«

Als ich dann mit den Eltern gemeinsam noch ein bisschen über J. Lo. quatsche und ihnen erkläre, was Ei Ei im Bayrischen bedeutet (für die Nichtbayern unter den Lesern: So wird das zärtliche Aneinanderlegen von Wangen betitelt, und ich habe als Kind viel Geld, mindestens zehn Pfennig verlangt, damit meine dicke Großtante Erika Selbiges mit mir praktizieren durfte), ist die Stimmung wieder halbwegs geklärt, und ich beende das Gespräch alsbald, wie mit I. I. vereinbart.

Klar, dass ich I. I. in meine Kindergartengruppe genommen habe.

Um das an dieser Stelle klarzustellen: Natürlich nehmen wir nicht die Kinder auf, sondern die Eltern als Vereinsmitglieder. An kleinen Kindern ist nie etwas falsch. Sie sind, wie sie sind. Und dass Kinder, die noch nicht gut sprechen können – das ist bei Zwei- bis Dreijährigen oft der Fall –, anders ihre Bedürfnisse ausdrücken, ist relativ normal. Um es sowohl statistisch als auch einfach auszudrücken: Auf zehn Kinder kommen mindestens ein Beißer und Schläger beziehungsweise eine Beißerin oder Schlägerin.

Es ist allerdings selten, dass Eltern mir dies vorab erzählen ... so wie es bei meinem nächsten Gespräch der Fall ist: Vor mir sitzen eine rehäugige, sanfte, satt bayrisch sprechende Heilpädagogin mit einer passenden Figur (wie eine Bavaria), und ihr Mann, ein zierlicher Physiker aus dem Rheinland, der einen guten Kopf kleiner ist als seine Frau.

Der Vater hat wasserblaue, herrlich ehrliche Augen und erzählt mir gleich, dass sie sehr froh wären, einen Platz zu bekommen, da ihre Kinderkrippe ihren Sohn Lenzi möglichst bald loshaben will.

»Der Lenzi haut und beißt alle«, seufzt die Mutter, »aber eigentlich is er so a liabes Kind.«

Ich betrachte den Delinquenten. Lenzi ist ein knapp dreijähriges Kind und hat zweifellos die Statur seiner Mutter. Auf seinem Babyspeckmichelinmännchenkörper sitzt ein riesiger Kopf, der die Größe einer Osterinselskulptur hat. Zudem trägt er eine Brille in der Stärke von Glasbausteinen. Ein dicker Faden Sabber läuft blasenwerfend aus seinem Mundwinkel kontinuierlich in Richtung Hals.

»Hallo Lenzi«, begrüße ich ihn.

»Ihohoheehinga«, antwortet mir Lenzi mit einem bezwingenden Lächeln.

Ich werfe den Eltern einen hilflosen Blick zu – es hört sich an wie ein indianischer Dialekt, oder nein, eher wie der Mein-Hund-kann-sprechen-Loriot-Sketch.

»Er hat gsagt, dass er scho schön singa kann«, übersetzt mir Bavaria. »Geh Lenzi, sing amol was vor.«

Und Lenzi legt stolz los: »Uhen aahen uhen ach mihi ohen ehachach ihi ähen beehehe ...«

Sein Gesang trifft mich wie der Blitz. Lenz ist ein begnadeter Sänger, seine Stimme laut und nicht besonders schön, aber seine Intonation perfekt, sodass ich sofort das Lied »Guten Abend, gute Nacht, mit Rosen bedacht ...« erkennen kann. Er steht wie ein erfahrener Opernsänger in unserem Büro und unterstützt seine Atmung instinktiv wie ein Profi mit so weit ausholenden Gesten, dass ich Angst habe, sein riesiger Kopf würde das Gleichgewicht seines Körpers im nächsten Moment gefährden. Er hat diese unverfälschte Art von Leidenschaft und Dramatik in der Stimme, die nur den ganz Großen eigen ist. Er würde Oktavenwunder wie Mado Robin oder schönere Stimmen wie die der Netrebko für immer in die Kategorie der perfekten Durchschnittlichkeit verbannen! Das mag sich übertrieben anhören, aber ich schwöre, jeder, der Lenzi in diesem Alter singen hört, spürt dieselbe Begeisterung – sofern er etwas von Musik versteht.

Als Lenzi sein Lied beendet hat, schaut er mich erwartungsvoll an, und ich bestätige – Tränen der Ergriffenheit nahe, denn ich liebe Musik –, dass er wirklich sehr schön singen kann.

Nach gefühlten Hunderten von Aufnahmegesprächen dieser Art haben wir unsere Gruppe zusammengestellt. Für die nächsten drei Jahre würden wir einander bedingungslos ausgeliefert sein. Hierzu muss ich anmerken, dass wir altershomogene Gruppen haben, relativ ungewöhnlich für einen Kindergarten. Alle Neulinge sind drei oder zumindest schon fast drei Jahre alt und werden bis zum Schulanfang gemeinsam mit mir in einer Gruppe bleiben.

So eine Tür habe ich noch nie gestrichen

Im darauf folgenden Sommer verabreden sich meine neue Elterngruppe und ich, um gemeinsam vor dem Kindergartenstart die Gruppenräume der Kinder wieder auf Vordermann zu bringen. In Räumen, in denen viele Kinder sich frei entfalten, empfiehlt sich dies.

An einige Gesichter der Eltern und Kinder kann ich mich wieder erinnern, aber durchaus nicht an alle. Wie auch immer. Wir besprechen, was zu tun ist – Wände und Türen streichen, putzen, den schönen Korkboden neu mit Bienenwachs versiegeln –, und ich bitte die Eltern, nur einfarbig und dezent zu streichen, denn wir würden die Räume ohnehin im Laufe der Zeit mit Kunstwerken der Kinder schmücken.

Ein Vater, arbeitsloser Artdirektor, reißt sofort die Bauleitung an sich.

»Weißt du, als Künstler musst du einfach alles können. Keine Angst, ich kümmere mich.«

Sein gewagtes Outfit à la Seventy-Nerd gefällt mir ausgesprochen gut: goldener Blouson, karierte enge Hose und alte Patchworklederschuhe in ein paar grellen Farben. Und als dann noch seine schöne österreichische Freundin Mizzi, Studentin der Kunstgeschichte, ergänzt: »Und ich bin souverän im Bereich

Farblehre und -gestaltung«, habe ich tiefstes Vertrauen.

Auffallend ist, dass diese beiden 1,90 Meter großen gut aussehenden und verdammt gut gestylten Eltern ein zwergenhaftes blondes Wesen namens Zoe ihr Eigen nennen. Zoe reicht ihnen nicht mal zum Knie. Das kann ich genau erkennen, weil sich das Mädchen abwechselnd an die Beine ihrer Eltern klammert und von dieser Warte aus ängstlich umhersieht. Das scheint ein übliches Verhalten der kleinen Zoe zu sein, denn die Eltern bewegen sich, ohne das Klammeräffchen groß zu bemerken, so, als ob sie einfach grad eine Beinschiene tragen. Ich befürchte, dieser Winzling wird mit Abstand das kleinste Kind des ganzen Kindergartens sein. (Befürchten deshalb, weil ich selbst nicht mit Körpergröße gesegnet bin und um die Nachteile des Kleinseins weiß.)

Ich bedanke mich bei den beiden Riesen für ihr Engagement, die Renovierung in die Hand zu nehmen, denn in den nächsten paar Stunden kann ich zu meinem Bedauern nicht dabei sein. Ich muss an einer Tagung teilnehmen, aber sei's drum, ich gehe ruhigen Gewissens, da ich alles in künstlerisch-kompetenten Händen wähne.

Beim Gehen sehe ich, dass die beiden jüngsten Väter sich gleich gefunden haben, und das freut mich. (Hierzu muss ich bemerken, dass der durchschnittliche Schwabinger Mann mit seiner Erstfrau bereits locker über dreißig ist; manche Väter kommen mit ihrer Zweit- und Drittfrau nebst dazugehörigen Kindern in den Kindergarten, auch fünfzigjährige Väter sind also keine Seltenheit.) Die beiden Männer – ich schätze beide Mitte zwanzig –, haben sich mit einem

Bier am Rande des Sandkastens niedergelassen und solidarisieren sich bereits heftig kichernd miteinander.

Ich erinnere mich noch dunkel, dass der größere Korpulente mit Pferdeschwanz viele, viele Semester Philosophie hinter sich hat; der dünnere, blasse Kleine, ein mittlerer Bankangestellter, war mit seiner Freundin, einer fülligen, netten Posthippiestudentin erschienen.

Aber, o mein Gott, der Blasse trägt ein Fred-Perry-Polohemd!!! Sogar mit einer steifen Bügelfalte an den Ärmeln! Verdammt, wen hab ich denn da in den Kindergarten aufgenommen? Fehler. Fehler. Fehler. Ah, jetzt fällt's mir wieder ein, kann gar nicht sein, dass ich auf Rechtsradikale reingefallen bin, seine Hippiefreundin hat mir doch erzählt, dass sie bei Attac aktiv ist!

Um sicher zu gehen, schlendere ich noch mal zurück.

»Alles klar bei euch beiden? Schickes Fred-Perry-Teil.«

»Wir haben alles im Griff, wir übernehmen das Lackieren der Türen, aber was ist ein Fred-Perry-Teil?«

»Mann, Fred Perry ist voll die Skinhead-Marke, besser du ziehst dein dämliches Oberteil aus«, kichert der Philosophiestudent, angelt sich dabei noch zwei weitere Bier aus dem Kasten und überreicht eines davon seinem neuen Freund, dem Nullcheckerbanker Siggi.

Puuh, alles in Ordnung.

An der Gartentür fängt mich Kinga ab. Kinga ist Polin und alleinerziehende Mutter einer Tochter namens Lucille. Da ihre Abschlüsse in Bayern nicht anerkannt wurden, schlägt sie sich mit Putzjobs durch und studiert nebenbei noch mal.

»Ich wollte dir danken, dass ich einen Kindergartenplatz bekommen habe, ich hätte sonst nicht gewusst, wie ich alles bewältigen könnte. Die Leute, bei denen ich putze, haben sich auch bei dir beworben, aber keinen Platz bekommen, obwohl der Vater ein sehr bekannter Schönheitschirurg ist.«

»Tja Kinga, wir haben leider immer zu wenig Plätze, aber jetzt muss ich los, meine Tagung wartet.«

Wieder im Kindergarten, sehe ich mich hilflos um. Unglaublich, was die Eltern in den fünf Stunden während meiner Abwesenheit geschafft haben. Mein schöner alter Holzschrank ist jetzt polizeigrün, und zu allem Überfluss prangen darauf eine Menge schlecht gemalter, bunter Luftballons. Drei Mütter halten noch die Pinsel in der Hand und sehen mich erwartungsvoll an.

Der verhinderte Artdirektor zeigt auf einen riesigen rosaroten See und erklärt stolz: »Schau mal, was ich aus dem spießigen Korkboden noch rausgeholt habe. Keine Angst, es ist richtige Bodenfarbe, ich hab sie noch schnell besorgt, die hält auch«.

Seine schöne Freundin Mizzi zeigt auf die Holzschwelle, die zum Garten führt, und erklärt, sie habe in einem Schrank noch alte Farben gefunden und habe ganz allein die Bodenschwelle bemalt. (Anmerkung: Es sind meine sündhaft teuren Keramikfarben, in winzige Döschen abgefüllt, die für einen halben Meter Geschmacklosigkeit draufgingen; und meine ebenfalls sündhaft teuren Rotmarderpinsel liegen vertrocknet am Boden.)

»Also wenn ihr im Kindergarten noch mal Hilfe bei der Farbgestaltung braucht, stehe ich gerne zur Verfügung«.

Aber das Beste, das Beste sind meine beiden jungen Väter: Statt drei Türen haben sie in fünf Stunden lediglich eine einzige Tür gestrichen. Diese ist nun voller Farbnasen, den Griff und das Türblatt haben sie der Einfachheit halber einfach mitlackiert. Rings um die Tür sind weiße Lackspritzer und weiße Fußabtritte (die dem rosaroten See etwas Pep geben). Dummerweise steht das von mir heißgeliebte Gründerzeitsofa, das schon jahrelang als Vorlesesofa dient und einer der Interieur-Augenweiden im Kindergarten ist, in der Nähe der Tür. Mit seinen diversen wilden weißen Lackflecken wird es nun eher der Popart (»Pollock-jetzt-wirklich-unter-zu-viel-Drogen«) zuzuordnen sein.

Die beiden Männer haben jedenfalls bestimmt einige Bierchen zu viel getrunken, und der kleine Banker, dessen Fred-Perry-Hemd kaum mehr als solches zu erkennen ist, lallt glückselig: »Ich sage dir eins, so eine Tür habe ich noch nie gestrichen, aber wir haben's geschafft.«

»Ja«, stimmt der große Freund mit ebenfalls schwerer Zunge zu, »das kann ich dir auch sagen, so eine Tür habe ich noch nie gestrichen.«

Und da kam mir eine alte Kindergartenweisheit in den Sinn: Lass zwei kichernde Jungs nie, nie, nie aus den Augen!!! Ich hole sehr tiefen Atem, schaue allen Eltern fest in die Augen und sage (sogar ohne zu lügen): »Es ist ja wirklich kaum zu glauben, was ihr in fünf Stunden alles geschafft habt!«

JEKATARINA DIE GROSSE oder Time to Say Goodbye

Start. Es ist Montagmorgen, und einige Kinder haben heute ihren ersten Kindergartentag. Da ich die Kinder nicht kenne, überlasse ich die Entscheidung über den Zeitpunkt des Abschieds den Eltern. Ich gebe anfangs lediglich den Tipp, sich ein paar Tage Zeit zu nehmen. Kinder spüren es, wenn ihre Eltern in Eile sind, und geraten dann oft in Panik.

Als Erster kommt Süloman, und der ist ein echter Profi. Sülo kennt den Kindergarten wie seine Westentasche, da sein großer Bruder auch hier ist. Er winkt mir freundlich zu und lächelt.

Ich kenne die nette türkische Mutter gut und frage: »Gül, denkst du, er wird heute schon ohne euch dableiben?«

»Ach was, kein Problem, er kennt ja den Laden seit zwei Jahren. Was ich dir sagen wollte, Sülo spricht noch wenig Deutsch, aber ich bin mir sicher, er versteht alles.«

Dann verabschiedet sie sich von ihrem Sohn und mir, und weg ist sie.

Sülo schaut mich erwartungsvoll und freundlich an.

Ich schaue ihn an.

»Süloman, möchtest du, dass wir zusammen spielen?«

»Nein.«

»Sülo, soll ich dir etwas vorlesen?«

»Nein.«

»Süloman, wollen wir zusammen kneten?«

»Nein.«

»Was würdest du denn gerne machen?«

»Nein.«

(Sülo schaut immer noch freundlich und erwartungsvoll zu mir.)

Langsam begreife ich, dass »Nein« ein entscheidendes Wort in seinem rudimentären Sprachgebrauch ist. Ich setze mich auf den rosaroten Boden (der neben den von mir bejammerten weißen Fußabdrücken bereits eine Menge Kratzer aufweist, weil die Eltern bei ihrer Farborgie natürlich weder vorher gründlich geputzt noch grundiert haben) und beginne, einen Turm aus Bauklötzchen zu bauen.

»Nein«, sagt Sülo, setzt sich zu mir und baut weiter.

Schorschi, Jaron und Tamaki, die nach und nach eintrödeln, haben ebenfalls Geschwister im Kindergarten und lassen ihre Eltern nach kurzer Zeit gnädig gehen.

Bei Tamaki, einer japanischen Schönheit, bin ich sehr erstaunt, denn ich weiß, dass sie deutsch weder versteht noch spricht. Liebenswürdigerweise kommt ihre große Schwester aus der Nachbarsgruppe zu Besuch, beide setzen sich an den Basteltisch, unterhalten sich eifrig auf Japanisch und malen japanische Mangas. Tamakis Figuren sind natürlich nur Kopffüßler, die geisterhaft über das Papier zu schweben scheinen, aber immerhin, das ist für eine Dreijährige auch schon eine tolle Leistung, damit wird sie alle aus der Gruppe überflügeln. Das steht schon mal fest.

Wir verbringen unseren ersten Tag mit Malen und Vorlesen. Als wir vor dem Mittagessen gemeinsam zum Händewaschen gehen (»Komm Sülo, wir gehen zusammen.« – »Nein.«), kommt Jekaterina völlig abgehetzt mit ihrer Tochter I. I. an.

»Tut mir leid, wir sind es nicht gewohnt, so früh aufzustehen«, lächelt sie mich an.

»Servus I. I., servus, Jekaterina, ist gar nicht schlimm, aber der Tag ist für heute schon fast gelaufen. Vielleicht schafft ihr es morgen, etwas früher zu kommen, damit I. I. noch Zeit zum Spielen hat, dann klappt das mit dem Verabschieden von den Eltern auch besser.«

»Ach weißt du, ich habe da gar keinen Stress. Ich arbeite ja nicht, um diese Jahre mit I. I. bewusst zu genießen.«

Am nächsten Tag kommt Jekaterina immerhin schon um halb zwölf, und irgendwann schafft sie es sogar bereits um halb elf. Damit ist aber auch das Ende der Fahnenstange erreicht.

»Weißt du, wir beide wollen gemütlich frühstücken, ich stille sie ja noch.«

»Wie bitte?«

»Ja, ja ich weiß, in Deutschland wollen die Mütter ihr Kind so früh wie möglich abstillen, aber bei uns in Russland gibt es ein Märchen, das besagt, dass lang gestillte Kinder sehr kräftig und widerstandsfähig werden. Aber keine Angst, bald ist ihr dritter Geburtstag, und da habe ich mir vorgenommen, endgültig aufzuhören.«

Nach einem Monat sind fast alle neuen Kinder eingewöhnt. Jedes Kind hat seinen eigenen Ritus, um sich den Abschied zu erleichtern.

Für den Winzling Zoe, der sich so gar nicht trennen will und der sich immer noch an seinen Eltern festklammert und allmorgendlich unter keinen Umständen das schützende Bein loslassen will, denken wir uns ein Spiel aus, das »Gleiswechsel« heißt: Zoe muss vom Bein ihrer Mutter/ihres Vaters an mein Bein klettern, ohne den Boden zu berühren. Dies ist eine schwierige Aufgabe – zumindest trauen wir Erwachsenen ihr diese jeden Tag von Neuem nicht zu –, und weil alle Erwachsenen nach bravourösem Gelingen des Unmöglichen voll des überschwänglichen Lobes sind, freut Zoe sich wie ein Schnitzel und vergisst ihren täglichen Morgenplan (»Lass das Elternbein nicht los«) mit der gleichen schönen Regelmäßigkeit.

Lenzi will immer auf meinem Schoß sitzend mit mir singen.

Fini braucht jeden Morgen auf dem Weg zum Kindergarten ein frisches Croissant von ihrem Vater.

Waldemar muss immer ein paar Tränen weinen, jedoch nur solange Mama und Papa in Sichtweise sind, danach ist wildes Toben angesagt.

Lucille kann es kaum erwarten, dass ihre Mutter endlich geht, damit sie ihrer Aufsicht entzogen ist.

Tamaki will, dass ihre große Schwester anfangs eine halbe Stunde mit ihr zeichnet.

Jaron will bei schlechtem Wetter seine Straßenschuhe von den Eltern gewechselt haben, da er es als Zumutung empfindet, schmutzige, nasse Schuhe anzufassen.

Laetizia bekommt jeden Tag zum Abschied zu hören, dass sie das schönste Mädchen der ganzen Welt sei, und startet ihren Tag, indem sie selbstbewusst in eins der Prinzessinnenkostüme steigt.

Lediglich der Jüngste, der kleine Hubertus, findet lange keinen Anschluss in der Kindergruppe. Der Vater (Professor für Vor-und Frühgeschichte, von altem Adel und vornehmer Spröde) nimmt sich schließlich zwei Tage frei, nachdem sein Sohn die Zeit im Kindergarten bislang nur damit verbracht hat, auf dem Schoß der Mutter zu sitzen, um von dieser Warte aus das Geschehen um ihn herum fachkundig zu kommentieren.

»Jetzt nehme ich mal die Sache in die Hand«, bekundet Dietrich in seiner gewohnt trockenen und souveränen Art, »er muss doch mal lernen, mit anderen zu spielen.«

Ich grinse ihn an: »Fein, wenn du schon hier bist, kannst du mir gleich helfen und die Windel von Lenzi wechseln, der hat grad die volle Packung.«

Dietrich grinst zurück: »Du bist die Einzige, die meine wahren Talente erkennt. Ich werde mir die Geschichte mal ansehen. Wo ist Lenzi?«

Dietrich und Hermine, Hubertus' Eltern, kenne ich natürlich schon seit Jahren, da bereits ihr Erstgeborener bei mir in der Gruppe war, daher unser laxer Umgangston. (Diese beiden sind auch unter den wenigen, denen ich erlaube, mich mit einem »Münchner Luftbussi«, Küsschen links, Küsschen rechts, alles in die Luft, zu begrüßen. Für eine Oberpfälzerin wie mich, die gewöhnlich erst nach zwanzig Jahren Freundschaft schließt, ist dies ein enormes Zugeständnis!)

Nachdem Dietrich sachkundig Lenzis »Packung« entsorgt hat, entdecke ich ihn am Sandkasten, öden Rilke lesend und ab und zu seinen allein spielenden Sohn beobachtend. Und natürlich sitzt er so da, dass er seinem Hubertus die Sicht auf die anderen Kinder versperrt.

»Jetzt schau ihn dir mal an«, meint er zu mir. »Es hat bestimmt dreißig Grad im Schatten, alle Kinder sind nackt oder zumindest barfuß und vergnügen sich damit, im Wasser zu planschen, und was macht mein Sohn? Der ist vollkommen zugeknöpft und gehemmt!«

Da hat Dietrich zweifellos recht. Hubertus trägt schwarze Kniestrümpfe unter den Schnürschuhen, eine Art Safarihose mit Bundfalte, wie ich sie eigentlich nur aus Vierziger-Jahre-Filmen kenne, sowie ein gebügeltes kariertes Hemd, das bis zum letzten Knopf zugeknöpft ist.

Ich sehe mir Dietrich an. Er trägt schwarze Kniestrümpfe unter den Schnürschuhen, eine Art Safarihose mit Bundfalte, wie ich sie eigentlich nur aus Vierziger-Jahre-Filmen kenne, sowie ein gebügeltes kariertes Hemd, das bis zum letzten Knopf zugeknöpft ist.

»Ach nee«, kommentiere ich, »wo er das nur herhat, ich hoffe, nicht von seinem Vater?«

Dietrich sieht an sich herunter und betrachtet seinen Sohn, schaut mich an und räusperte sich. »Ich ziehe in Erwägung, dass ein bestimmter Zusammenhang nicht auszuschließen ist.«

Und dann tut er genau das Richtige. Er entledigt sich seiner Schuhe und Strümpfe und vergräbt seine Zehen (wenn auch mit leichtem Ekel in der Mimik) im sandigen Matsch.

Sofort kommt Jaron angedackelt und fängt an, mit einer Schaufel die Füße des fremden Vaters zu vergraben. Herrliches Spiel. Hubertus schaut ärgerlich zu, es ist doch schließlich sein Vater. Dann zieht er auch seine Strümpfe und Schuhe aus, stellt sie säuberlich neben die seines Vaters und schaufelt gemeinsam mit Jaron.

Dietrich öffnet zwei Knöpfe seines Hemdes. Hubertus öffnet zwei Knöpfe seines Hemdes.

Das unerhörte Ereignis, Erwachsenenfüße zuzuschaufeln, lockt dann auch Lenzi an, der ja bereits intime Bekanntschaft mit Dietrich gemacht hat, und gemeinsam schwitzen und arbeiten jetzt drei Jungs zusammen an ihrer großen Aufgabe (Schuhgröße 48) und kommen blendend miteinander klar.

»Uh eh achen ih ehhe Ee.«

Das finden alle drei eine fulminante Idee und stürzen zum Gartenwasserhahn.

»Sie wollen jetzt einen See machen«, übersetze ich für Dietrich. (Alle Kinder und ich haben uns inzwischen an Lenzis Sprache der sparsamen Konsonanten gewöhnt und verstehen ihn beinahe mühelos.)

»Na, dann werde ich mal gehen«, meint Dietrich und verabschiedet sich von seinem Sohn, der ihn kaum beachtet.

Seither bleibt Hubertus ohne Murren im Kindergarten. Am Morgen will er zwar immer von mir herumgetragen werden, aber er ist auch unser Hausnesthäkchen, und das ist ok.

Inzwischen ist für alle Kinder das Abschiednehmen eine relativ unkomplizierte Sache.

Für alle?

Nein, es gibt da ein kleines gallisches Dorf ... Quatsch.

Nein, es gibt da ein kleines russisches Mütterchen ...

Jekatarina!

Ein viertel Jahr später: Jekatarina und I. I. denken nicht daran, sich zu trennen. Bei allem Verständnis, dass muss sich ändern! Jekatarina ist zu einem Kind mehr in meiner Gruppe geworden. Sie bastelt mit, turnt mit, singt mit, spielt mit.

Und I. I.? I. I. kommandiert ihre Mutter den ganzen Tag wie eine Dienerin herum (wahrscheinlich das russische Oblomow-Gen): »He, bind mir gefälligst die Schuhe zu, schneid mir die Brotrinde ab, ich hab dir doch gesagt, dass ich keine Rinde mag, hol mir den Ball, du Blöde hast meine Puppe zu Hause vergessen ...« und so weiter.

Fünf lange Elterngespräche haben wir bereits geführt, und von zarten Andeutungen – »Denkst du, du könntest dich in unserem Alltag etwas zurückziehen?« – bis zu handfesten Tipps – »Wenn deine Tochter spielt, ist es doch wirklich nicht nötig, ihr nachzulaufen.« – habe ich bereits alle Register gezogen.

Als schließlich eines Tages bei der gemeinsamen Brotzeit Waldemar plötzlich zu weinen anfängt, weil I. I.s Mutter doch immer hier ist und er auch seine Mutter hier haben will, und Zoe sofort mitweint, weil ihr einfällt, dass sie eigentlich das Elternbein nicht loslassen wollte, und ein paar andere Kinder plötzlich anfangen, blümerant zu gucken, habe ich die Nase endgültig voll.

»Jekatarina, du kommst bitte jetzt sofort mit mir ins Büro.«

»Ich weiß nicht, ob ich mit dir ins Büro gehen kann, I. I. ist doch dann ganz alleine hier.«

»I. I. hat die ganze Gruppe zum Spielen, und wenn sie dich braucht, weiß sie ja, wo sie dich findet.«

Ich bin ziemlich aggressiv, als wir im Büro ankommen, das Maß ist voll. Ich werde diesen symbiotischen Knoten jetzt mit einem Hieb zerschlagen!

Ich atme kurz durch und sage dann: »Jekatarina, ich weiß es wirklich zu schätzen, dass du dir für die Eingewöhnung deiner Tochter so viel Zeit nimmst. Aber es reicht jetzt. Ich bin der festen Überzeugung, dass deine Tochter sich hier pudelwohl fühlt, auch ohne dich. Du wirst dich jetzt an folgende, schon mehrmals besprochene Regeln halten: Du wirst nicht mehr mit uns am Esstisch sitzen! Du wirst nicht mehr mit uns turnen, du wirst überhaupt nix mehr mit niemandem nie mehr spielen, weder mit I. I. noch mit einem anderen Kind! Du kannst hier sein, aber sei absolut passiv und mach dich unsichtbar, sonst machen wir hier überhaupt keine Fortschritte! Ab sofort! Ist das klar?«

»Wenn du meinst ...«

Zerknirscht und beleidigt verlässt sie das Büro.

»Ich bin die große Königin, und ihr seid alle meine Prinzen und Prinzessinnen, und ihr dürft Jekatarina die Große jetzt mit Gold und Juwelen überhäufen«, flötet ein allzu bekanntes hohes Stimmchen aus dem

Nebenraum meiner Gruppe. Unfassbar. Zehn Minuten nach meiner klaren Ansage sehe ich Jekaterina, ein goldenes Stofftuch kunstvoll um den Körper drapiert, inmitten der Gruppe sitzen. Die Kleinen bewerfen sie mit allem Möglichen.

Eine Art Klapperschlangenzischlaut entweicht meinem Mund, und ich spüre, dass meine Lippen ein stimmloses »Ich schmeiß sie raus« formen. Immerhin steht Jekaterina sofort auf, entledigt sich ihrer Königinnenkluft und sagt zu den Kindern: »So, und jetzt spielt ihr mal alleine weiter.«

Es folgt ein Elterngespräch mit beiden Eltern:

»Um es kurz zu machen – entweder ihr verabschiedet euch jetzt mal von eurer Tochter, oder ihr verabschiedet euch vom Kindergarten. Ich sehe seit vielen, vielen Wochen, dass eure Tochter fit und intelligent ist, dass sie gute Beziehungen mit anderen Kindern hat und dass sie mühelos den Alltag hier bewältigt!«

»Aber I. I. weint doch immer sofort, wenn ich auch nur andeute, dass ich gehen will«, erwidert Jekatarina.

»Ich finde Kindergarten sowieso überbewertet, ich bin auf einer Farm aufgewachsen, ohne Kindergarten, und ich bin auch ok«, schiebt Milhouse hinterher, der Vater.

»Natürlich kann man ohne Kindergarten sein Leben meistern«, kontere ich, »ich habe auch keinen Kindergarten besucht. Aber Kinder brauchen andere Kinder. Wir sind hier nicht in einer Großfamilie auf einer amerikanischen Farm. Wir sind in einer Großstadt, und euer Kind ist ein Einzelkind! Bitte entscheidet euch bis morgen, ob ihr hierbleiben oder gehen wollt. Ihr wisst doch, dass ich euch sofort anrufe, sollte es I. I. ohne euch nicht gut gehen!«

Am nächsten Morgen kommt nicht Jekatarina, sondern Milhouse mit einer übellaunigen I. I. in den Kindergarten.

»Sie wollte zum ersten Mal gar nicht in den Kindergarten«, teilt mir der hilflose Vater mit, »und sie will auf keinen Fall, dass ich gehe.«

»Doch, du gehst jetzt«, sage ich mit aller Autorität, derer ich mächtig bin, und ich tue etwas, das ich hasse und das ich bisher erst zweimal in meinem Leben praktizieren musste: Ich schließe das Mädchen fest in meine Arme.

»Geh«, sage ich zu Milhouse.

Und er geht.

I. I. schreit, schlägt um sich, beißt mich und beschimpft mich. Ich halte sie.

Nachdem Milhouse außer Sichtweite ist, schreit und weint sie immer noch: »Du Blöde, ich will, dass du mich jetzt sofort zu den anderen Kindern bringst.«

»Ich werde dich in die Gruppe bringen, sobald du dich beruhigt hast und nicht mehr herumkreischst wie verrückt. Ich bin sicher, du wirst es mindestens eine Viertelstunde ohne deinen Papa schaffen.«

Sie hört auf zu schreien, funkelt mich zornerfüllt an, wischt sich mit dem Handrücken Tränen und Rotz aus dem Gesicht und sagt: »Na gut.«

Was soll ich sagen?

Zehn Minuten später lobe ich sie, weil sie so gut spielt, und frage sie, ob ich jetzt die Eltern zum Abholen anrufen soll.

Soll ich nicht.

Als ihr Vater sie nach zwei Stunden wieder abholen will, bettelt sie, noch ein bisschen bleiben zu können, weil sie grad alle so tolles Matratzenspringen machen. Nein, nicht ganz korrekt: Sie befiehlt Milhouse, noch ein bisschen zu warten, weil sie noch nicht bereit ist, nach Hause zu gehen.

Wir sind neu

Es ist ein Hochgefühl, endlich alle Eltern los zu sein, auch wenn der morgendliche Abschied noch manchmal holpert. Nun kann ich mich in Ruhe meiner Hauptarbeit im ersten halben Jahr widmen, nämlich die Kleinen zu motivieren, einige Dinge selbstständig zu erledigen. Das schreibt sich einfach, ist aber in der Praxis eine Mammutaufgabe. Das bisherige kindliche Weltbild, Mamas und Papas seien dazu bestimmt, Unangenehmes für sie zu erledigen, erfährt in dieser Zeit eine harte Korrektur: Der Alltag im Kindergarten ist – abgesehen vom An- und Ausziehen – noch mit vielen anderen Pflichten bestückt. Zum Beispiel müssen die lieben Kleinen fortan die unvorstellbare und unerhörte Aufgabe erledigen, nach dem Essen ihre Teller eigenhändig in die Küche zu tragen!

Der kleine Hubertus, fast ein halbes Jahr jünger als die anderen Kinder, genießt den Nesthäkchenbonus – und nutzt ihn weidlich aus. Nur in Ausnahmefällen bewegt er sich selbstständig vorwärts, meist lässt er sich tragen. Und weil er natürlich sooo süß und klein und mit Babyspeck ausgestattet ist, findet er immer irgendjemanden, der glücklich ist, einen solchen Wonneproppen herumschleppen zu dürfen.

Also rede ich ein ernstes Wort mit meinem Team: »Keiner, keiner trägt ihn mehr (außer mir)! Er ist alt genug zu laufen!«

Doch von Konsequenz keine Spur. Wie sollte man auch, wenn einem ein lächelndes Kleinkind mit ausgestreckten dicken Ärmchen entgegenläuft und sagt: »Ich hab dich so lieb, dass ich es dir gar nicht sagen kann!« (Einige Monate später, als wir anlässlich eines Ausflugs ein schönes rotes Auto passieren, sagt er übrigens auch: »Das Auto hab ich so lieb, dass ich es dir gar nicht sagen kann!«)

Eigenständiges Telleraufräumen kommt für Hubertus natürlich nicht in Frage. Und weil ich den Praktikanten verboten habe, die Aufgabe für ihn zu erledigen, bleibt er beharrlich sitzen, bis Mama Hermine kommt und für ihn aufräumt. Hinweise, ihr Sohn könne dies durchaus selbst tun, fruchten nicht. Hermine ist Wachs in den Händen ihres Sohnes, und Hubertus zeigt ihr gegenüber unerbittliche Härte.

Schließlich treffen Hermine und ich die (wenig gemeinschaftliche) Vereinbarung, dass sie ihren Zögling erst abholt, wenn er sein Tellerchen aufgeräumt hat. Sie wartet so lange vor der Tür des Kindergartens.

Mit diesem Deal konfrontiere ich Hubertus: »Die Mama wartet draußen auf dich, und sobald du deinen Teller in die Küche getragen hast, kommt sie rein.«

»Aber ich bin noch viel zu klein zum Aufräumen«, kontert Hubertus.

»Du bist schon ein großes Kindergartenkind und auch groß genug, um aufzuräumen«, entgegne ich.

»Ich bin zu schwach«, meint Hubertus (übrigens

eine sehr ausgefeilte und abgefeimte Rhetorik für einen zweieinhalbjährigen Dreikäsehoch).

»Nein, Hubertus, wer so stark ist, im Garten kiloschwere Eimerchen mit Sand zu tragen, der ist auch in der Lage, diesen Teller in die Küche zu tragen.«

»Aber du und die Mama, ihr seid doch so alt, und darum sollt ihr das machen. Ich bin doch noch ganz neu!«

Bei allem Respekt für seine Redegewandtheit – ich bleibe hart, und Hubertus räumt von da an wie alle anderen seinen vermaledeiten Teller auf. (Wenn er nicht gerade auf einen taufrischen Praktikanten trifft, der noch nicht von mir instruiert wurde. Dem hält er dann sein Tellerchen mit den Worten hin: »Räum ihn bitte für mich auf, denn ich hab dich so lieb, das ich's dir gar nicht sagen kann!«)

Dressed to Play

Sorgenvoll schaue ich in den Himmel. Es ist grau und kalt. Hoffentlich schneit oder regnet es heute nicht. Bei schlechtem Wetter ist es ausgesprochen schwierig, die Kleinen zu motivieren, nach draußen in den Garten zu gehen.

Und ich habe dafür vollstes Verständnis! Ich hasse es, bei Kälte das Haus zu verlassen.

Wärme ist der Luxus, den ich brauche. Das mag an meiner eigenen Kindheit liegen. Ich bin in einem kleinen bayrischen Dorf auf einem Bauernhof aufgewachsen, und die einzige Heizung, die es im Haus gab, war ein alter Wamsler (Holzofen) in der Wohnküche. In den Schlafzimmern war es bitterkalt, und wir konnten eigentlich nur mit Wärmflasche ins Bett gehen. Wenn der Böhmische (ein stechend kalter Winterwind) wehte, konnte es schon mal sein, dass das Bett am Morgen mit einer Schicht feinstem glitzerndem Pulverschnee gepudert war, da für den Böhmischen winzige Fensterritzen genügten, um in jeden Winkel des Hauses zu dringen. Sich in dieser sibirischen Umgebung zu waschen und anzuziehen, verlangt ziemlich viel von einem Kind. Wenn ich Glück hatte, war es beim morgendlichen Teetrinken in der

Küche noch warm. Vor dem Zubettgehen wurden Steinkohlebriketts in nasses Zeitungspapier gewickelt, und wenn am nächsten Tag noch genügend Glut vorhanden war, konnte das Feuer im Wamsler schnell wieder in Gang gebracht werden. Wenn ich Pech hatte, war das Feuer ausgegangen, dann hatte auch die Küche Minusgrade, und wir mussten erst durch den Schnee über den Hof zur Scheune stapfen, Holz holen und neu anfeuern.

Tja, so hat jeder sein Kindheitspäckchen zu tragen. Meines macht sich darin bemerkbar, dass ich im Winter eine ausgesprochene Stubenhockerin bin … nein, das klingt so negativ und altmodisch, und auf Altersreminiszenzen kann ich noch gut eine Weile verzichten. Sagen wir lieber, dass ich eine coole und äußerst erfahrene Chillerin bin, die es liebt, bei arktischen Temperaturen draußen in der Wohnung im leichten T-Shirt bei angenehmen 26 Grad barfuß herumzulaufen, und dafür auch gerne die astronomische Heizkostenabrechnung hinnimmt.

Natürlich setzt genau in dem Augenblick, in dem ich über meine Kältephobie memoriere, ein eiskalter Nieselregen ein. Ich schaue erbost in den Himmel.

Wieder so ein Tag, an dem ich die gesamte Motivationsmaschinerie anwerfen muss. Wieder so ein Tag, an dem ich mich selbst daran erinnern muss, warum wir täglich, auch bei Schnee, Eis, Hagel und Regen, rausgehen, obwohl nicht nur ich, sondern auch die Kinder es partout nicht wollen. Kinder sind nämlich kleine Spießer. Veränderungen, außer die selbst gewählten, sind nicht erwünscht. Abgesehen von einer gewissen motorischen Fertigkeit ist es also in erster

Linie eine mentale Leistung, den Ort zu wechseln. Es ist schwierig für die Kinder, die Gruppenräume zu verlassen und in den Garten zu gehen. (Ich bin im Zweifelsfall immer dafür, Kindern genügend Zeit zur Reife und zur Entwicklung zu geben, aber wie viele Dreißigjährige wohnen noch bei Mutti? Anders gefragt: Wie viele unverheiratete Italiener gibt es? Eben. Zu viele. Zu viele, die zu viel Zeit bekommen haben. Ein kleiner Motivationsschubs zur Selbstständigkeit ist in manchen Fällen unumgänglich.)

Warum also gehen wir raus in den Garten? Ganz einfach: Weil es erholsam und lehrreich ist. Unabhängig von Dingen wie Bewegung, frischer Luft und so weiter ist es einfach gut, endlich uneingeschränkt Platz für sich zu haben. Jedes Kind kann sich einen Ort suchen und seine eigenen Pläne ungestört verwirklichen, ohne ständig die anstrengende Kunst der Kommunikation pflegen zu müssen.

Wo andere Kindergärten in ihrem Konzept stolz einen naturwissenschaftlichen Experimentierraum in ihrer Einrichtung präsentieren, verweise ich auf 2000 Quadratmeter verwilderte Außenfläche. Egal, ob es um Hebelwirkung, den Aggregatzustand des Wassers oder um die Entwicklung von Flora und Fauna geht – die Kinder experimentieren jederzeit und überall, und es genügt, ihre Fragen zu beantworten oder erklärend in der Nähe zu sein. Und das selbstgewählte und selbstbestimmte Arbeiten und Lernen lässt sie freudig und hochkonzentriert sein.

Geht uns Erwachsenen doch auch so, oder?

Natürlich könnte ich jetzt seitenweise erklären, wie viel ein Kind lernt, wenn es scheinbar stupide eine halbe Stunde lang mit einem Stein auf eine Eisdecke über einer Pfütze einschlägt – mach ich nicht, bitte selbst nachdenken.

Aber eines will gesagt sein: Um mit fünf alten Autoreifen, ein paar Brettern, vier Obstkisten und zwei Holzschlitten eine Villa zu erbauen, bedarf es der Kenntnis einiger architektonischer Grundlagen, die sich die Baumeister nur durch Praxiserfahrung aneignen können. Selbst das klassische Sandkuchen-Backen ist nicht so simpel, wie es scheint, muss doch der Sand die richtige Konsistenz haben: Je nach Wetterlage findet sich die Idealmischung aus Wasser und Sand ganz oben oder in zehn oder zwanzig Zentimeter Tiefe. Das Herausklopfen der Sandform erfordert technisches Geschick sowie ein wohldosiertes Maß an Kraft. Vorab ist natürlich auch organisatorisches Talent gefragt, denn die Kinder müssen sich Förmchen, Schaufeln und andere Hilfsmittel erst beschaffen, und manchmal ist für Lenzi unbedingt eine gelbe Schaufel mit langem Stiel erforderlich, weil der Schorschi auch eine gelbe mit langem Stiel hat. Und der Transfer, dass die Farbe der Schaufel und die Qualität des Sandkuchens von Schorschi nicht in unmittelbarem Zusammenhang stehen, ist halt einfach noch nicht da. Das muss man sich alles erst erarbeiten, ehe man ein, zwei Jahre später mit zwanzig gesammelten Eimerchen und ein paar Mitarbeitern anfängt, eine kleine Firma zur Massenproduktion von Eisblöcken zu starten, mit dem Ziel, ein riesiges Iglu zu bauen, um darin den Rest des Lebens oder zumindest den Winter zu verbringen.

Aber ohne Zu- und Vorarbeit geht nun mal gar nichts. Ich darf mal vorrechnen, was so ein Kind im Winter anziehen soll, ehe wir in den Garten gehen können: zwei Winterstiefel, eine Schneehose, dabei die Gummistege der Hose über die Stiefel, einen Schal, eine Winterjacke, den Reißverschluss so schließen, dass er nicht am Hals kratzt, in der Regel Klettverschlüsse über den Reißverschluss, eine Mütze, die gegebenenfalls zugebunden werden muss, zwei Handschuhe, die unter die Ärmel des Winteranoraks sollen. Das ist die Standardausrüstung, eventuell müssen noch spezielle Wintersocken vorher angezogen werden oder ein Zusatzpullover.

Alle Eltern, die sich die Zeit mit Kleinkind vergegenwärtigen, wissen in etwa, wie lange das dauert.

Soll ich ein Geheimnis verraten?

Im Kindergarten geht's auch nicht schneller.

Die geschickten Arithmetiker können sich jetzt in Multiplikation üben: Wie lange dauert es, eine Gruppe von Kleinkindern wintertauglich zu präparieren? Hinzu kommen noch jede Menge Diskussionen mit den Kindern:

»Die Mama macht aber immer eine Doppelschleife bei den Schuhen, die Mütze soll nicht gebunden, sondern offen sein, ich will keine Schneehose anziehen ...«

Und was ich am liebsten höre, nachdem ich ein Kind gartenfertig angezogen habe, ist:

»Ich hab Pipi in der Hose!« (Natürlich haben wir vorher alle die Toilette besucht.) Nun heißt es etwa zwanzig Teile ausziehen, Wechselklamotten suchen, Diskussionen über die Wechselklamotten führen. (»Ich weiß, du willst deine gelbe Hose anziehen, aber die ist wirklich tropfnass, und das geht jetzt nicht ... Das ist doch kein Grund zu weinen ... Weißt du was, ich hänge die Hose über die Heizung, dann kannst du sie wieder anziehen, wenn wir vom Garten wieder reingehen.«) Und so weiter.

Waldemar macht beim Anziehen dasselbe Theater wie beim Essen. Er versteckt sich und wartet darauf, dass ich ihn suche. Dazu habe ich immer erst Zeit, wenn alle draußen sind, auch wenn es nicht schwer ist, ihn zu finden, denn er versteckt sich grundsätzlich hinter den Matratzen in unserem Gruppenraum. Mittels geschickter Gesprächsführung bringe ich ihn zu einer Art Kooperation. Sätze wie »Komm, Waldemar, alle müssen jetzt in den Garten gehen« lösen sofort eine massive Sitz-Blockade aus.

»Waldemar, ich brauche deine Hilfe, denn diese rosarote Gummihose ist doch nicht deine, oder? Hilfst du mir bitte, deine Hose zu finden, denn du bist der Einzige, der sie erkennen kann?«

Wenn ich Glück habe, klappt es damit. Alle anderen Taktiken sind zu langwierig und differenziert, um sie hier niederzuschreiben, könnten aber sicher Eingang in ein Handbuch für den diplomatischen Dienst finden.

Manchmal helfen auch kleine Tricks.

Sülos »Nein« zum Thema Wechsel in den Garten ignoriere ich inzwischen, weil ich weiß, dass es ihm draußen so unendlich viel Spaß macht, dass er später unter keinen Umständen mehr rein möchte. Bei der Ansage »Gartenzeit« läuft er üblicherweise in die Turnhalle und klammert sich mit beiden Armen an einen der Balken, die mittig im Raum stehen. Dabei sieht er mich mit mutigem und unerschrockenem Blick an, der in etwa besagt: »Du kannst mich foltern und schlagen und mir mit einer glühenden Zange die Fingernägel herausreißen, aber nie im Leben werde ich diesen Balken loslassen!«

Ich stelle ihn mir dann immer als Greenpeace-Kämpe vor und bin sehr stolz auf ihn, während ich seine Umklammerung mit Kitzeln und ein paar Späßen löse. Ich bin ausgesprochen dankbar, dass das so gut funktioniert.

Doch wir haben es auch mit weitaus tiefsinnigeren Problemen zu tun.

Laetizia zum Beispiel besitzt als einziges Mädchen keine gelbe, rosa oder rote Gummihose, sondern eine blaue. Und das, obwohl ihr die Eltern jeden Tag sagen, dass sie ihre kleine Prinzessin sei.

Muss ich noch mehr erklären?

Ich habe dieses Dilemma gelöst, indem ich mit ihr gemeinsam in stundenlanger Arbeit kleine Blumen und Muster aus Glitzerselbstklebefolie ausgeschnitten habe. Mit diesem edlen Zierrat bestückten wir dann die Kummerhose. Die Hose ist zwar immer noch blöd blau, aber immerhin tragbar.

Natürlich bedeutet diese Aktion viel Arbeit mit nur einem Kind, aber hier sind wieder die Arithmetiker gefragt. Einsparung: fünf Minuten Tränen und weitere zehn Minuten Trösten und Reden. Und das täglich. Macht in der Woche? Macht in einem Jahr?

Oder Jaron: Wie ein Hund, der sich zum Schlafen legt, rennt er beim Anziehen herum, kreist gleichsam um sich selbst und schreit dabei panisch. Er tut dies täglich, und der Hintergrund dieses geheimnisvollen Verhaltens ist der, dass er zwar in einen Ärmel seiner

Winterjacke mühelos hineinschlüpfen kann, aber den zweiten Ärmel nicht erwischt. Er läuft ganz einfach dem Ärmel hinterher. Und weil das nie gelingt, ist er binnen zehn Sekunden vollkommen aus dem Häuschen, und ich muss ihn erst mal vom Kreisrennen abhalten und beruhigen, ehe er sich helfen lässt.

Überhaupt trägt Jaron andere Kleidungsstücke viel lieber als Outdoorfashion. Täglich streitet er sich mit Laetizia und Tamaki um das schönste Prinzessinnenkostüm aus unserer Verkleidungskiste. Als ich ihn einmal bewunderte, welch hübscher Prinz er in diesem Kostüm war, sprach er eine Stunde lang beleidigt nicht mehr mit mir. Er war natürlich kein Prinz, sondern eine Prinzessin! Welch gelungene Selbsteinschätzung! Die Erbse unter den Matratzen hätte er jedenfalls bemerkt.

Jaron ist vollkommener Ästhet. Seine Tage beginnen damit, dass er (im Prinzessinnenoutfit) aus Bauklötzchen einen Käfig baut, um die wilden (Plastik-) Tiere darin einzusperren, damit sie später keinen Ärger machen würden. Danach ordnet er die Malstifte säuberlich nach Farben. Und wenn andere Kinder mit den Matratzen Höhlen bauen, besteht Jarons Spiel darin, diese wieder in ordentliche Matratzenstapel zu verwandeln. Ein ungeschälter Apfel ist unmöglich zu essen. Lautstärke stört ihn, außer sie ist von ihm selbst verursacht. Malpapier, das womöglich einen kleinen Knick hat, ist nicht mehr zu benützen.

Und nun kommt die alles entscheidende Frage: Wie sollte so ein Kind in der Lage sein, einen schlammverschmierten Gummistiefel anzufassen?

Gar nicht, da hilft keine noch so hochentwickelte Motivationskunst.

Auf die zündende Idee, wie dieses Hindernis zu überwinden sei, bringt mich eines schönen Regentages mein süßer Praktikant Pedro, der natürlich beim Umziehen der Kinder mithelfen muss, aber ähnlich gestrickt ist wie Jaron:

»Pedro!!! Was ist denn bitte das?«

Ungläubig sehe ich Pedro an, der gerade dabei ist, Jaron die Stiefel auszuziehen, und der dabei pinkfarbene Gummihandschuhe trägt, die über die Ellbogen reichen und damit wie operntaugliche Abendhandschuhe aussehen – mit einer pinkfarbenen Federboa gesäumt!

Pedro wird rot und verlegen und erklärt mit leichtem Vorwurf in der Stimme:

»Ach weißt du, das ist ein Geschenk von meinem Freund. Das hat er mir aus dem letzten Englandurlaub mitgebracht. Ich habe ihm erzählt, dass du mich hier im Praktikum immer so schmutzige Sachen anfassen lässt! Schick, oder?«

Pedro ist ein Praktikant der Fachoberschule und wollte sich ursprünglich mit Mode und Design beschäftigen, was aber nicht geklappt hat. Deshalb war die FOS/Sozialer Zweig die ungeliebte Alternative. Ich kann mich noch an meine erste Begegnung mit Pedro entsinnen. Sein erster Satz war: »Guck mal, wir haben ja dieselben Schuhe.« Es waren braune Wildlederpumps aus einem angesagten Laden. Und es stimmte, abgesehen von der Schuhgröße, natürlich.

Mit Pedro kann man prima über Mode und Haare reden, und ich bekomme kostenlose Tipps, wie ich aus meinem spärlichen Haar durch gewisse Föhntechniken mehr Volumen rausholen kann. Die Kinder und ich lieben den sanften Pedro, weil er mit ihnen so schöne Sachen bastelt, z.B. kleine, süße Handtäschchen aus Lederresten. Nur einmal hat er mir bisher seine Gunst entzogen. Ich habe das Unmögliche von ihm verlangt, nämlich, dass er gemeinsam mit einem anderen männlichen Praktikanten ein paar Bretter, die schon seit Ewigkeiten im Garten herumlagen, entsorgen sollte.

»Hilfe, Hilfe, ich kann das nicht tun«, schrie Pedro durch den Garten und rannte leichenblass und wie ein kopfloses Hühnchen aufgeregt herum. Auf der Unterseite der Bretter hatten es sich ein paar Spinnen und Asseln heimisch gemacht. Die konnte er genauso wenig anfassen wie Jaron seine Gummistiefel. Wir haben vereinbart, dass ich so extreme Tätigkeiten nie, nie, aber auch nie mehr von ihm verlangen würde. Aber beim Umziehenhelfen der Kinder war ich unerbittlich. Da musste er ran.

Und ich habe zwar keine pinkfarbenen Kindergummihandschuhe gefunden, aber immerhin geblümte Gartenhandschuhe in Kindergröße, die ich Jaron am nächsten Tag präsentiere.

Problem erledigt.

Danke, Pedro. Danke, Pedros Freund.

Danke England.

God save the Queen.

Der Fünf-Minuten-Parcours

»Ein besoffener Ire hüpft aus Versehen in Praslin (Seychellen) auf den Kopf eines Bullenhais und rettet zwar nicht das Bein, aber immerhin das Leben der Schwimmerin, die durch den Hai attackiert wurde.«

Die Panoramaseite der *Süddeutschen Zeitung* ist das, was ich am frühen Morgen in der U-Bahn gerade so aufnehmen kann. Ich gehöre zur Spezies der Eulen, das heißt ein für andere durchaus moderater Arbeitsbeginn von neun Uhr ist für mich eigentlich schon die Hölle. Während ich noch halb verschlafen in der U-Bahn sitze, beginnt die Arbeit. Ein begeistertes »Anna, St.-Anna-Platz, Anna-Gruppe Händewaschen, Anna, Anna!«, schallt mir in Obertonhöhe in den Ohren, und ich habe ein strahlendes vierjähriges Kind vor mir, das zweifellos zur Spezies Lerche gehört.

Während wir zusammen aussteigen und in Richtung Kindergarten marschieren, rieselt das malstromartige Geplauder über neue Haarspängelchen und das abenteuerliche gestrige Kakaotrinken auf mich nieder, und ich teile aus reiner Empathie die Ansicht, dass nur warmer Kakao mit viel Schaum akzeptabel sei.

Vor dem Kindergarten warten bereits ein paar Praktikanten, die schüchtern meinen Guten-Morgen-Gruß erwidern. Jedes Mal wundere ich mich über diese Schüchternheit. Na ja, inzwischen macht mich ein gewisses Alter wohl zur Respektsperson. Da hilft die bei uns übliche Duzerei auch nichts. Knapp vor mir bleibt mit quietschenden Reifen ein sechsjähriger Junge stehen. Mein »Guten Morgen, Lion« wird mit einem herausfordernden »Und dafür habe ich ein neues Fahrrad!« quittiert.

Nachdem selbiges nebst den unglaublichen sportiven Fähigkeiten des Eigners gebührend bewundert wurde, betrete ich meinen Arbeitsplatz, und es beginnt das, was ich den Fünf-Minuten-Parcours nenne:

»Du ich habe ein altes Sofa, ist aber noch ganz gut, könnt ihr das brauchen?«

»Stimmt es, dass die Dreijährigen auch zum Frühdienst kommen können, und wieso erfahre ich das erst jetzt?«

»Weißt du, wo die Hausschuhe von Quentin sind?«

»Meine Kinderpflegerin und die Praktikantin sind krank, wer kann zu mir in die Gruppe kommen?«

»Das Sozialreferat hat schon zweimal angerufen, du sollst sofort zurückrufen.«

»Wann wird endlich die Klospülung repariert, die ist jetzt schon seit einem halben Jahr im Eimer.«

»Ich brauche heute ausnahmsweise mal den Spätdienst, was soll ich da machen?«

»Ich habe jetzt mal neue Putzlappen gekauft, die alten waren ja so unhygienisch, von wem bekomme ich die Kosten erstattet?«

»Ich habe dir eine E-Mail geschrieben, wir müssen

dringend mal über die Machtstrukturen im Haus reden, aber lies erst mal meine E-Mail.«

»Bei uns in der Nachmittagsbetreuung ist ein Platz frei, wo kann ich dafür einen Zettel aufhängen?«

»Lukas wird heute von der Oma abgeholt, und er soll beim Nachhausegehen die blaue und nicht die grüne Jacke mitnehmen.«

Endlich betrete ich meine Gruppenräume und habe Zeit, mich meinen Kindern zu widmen. Aus den Augenwinkeln sehe ich grade noch einen Schatten auf mich zurasen und kann in Defensivhaltung gehen. Das ist ein bisschen wie bei Inspektor Closeau und sein Kampftraining mit Kato! Mein persönlicher Kato heißt Waldemar und hat die Angewohnheit, seiner Freude, mich zu sehen, mit einem Begrüßungsansprung Ausdruck zu verleihen. Nicht, dass Waldemar dick wäre (allenfalls kräftig), aber aus zwanzig Kilo werden im beschleunigten Zustand schnell gefühlte fünfzig, und meine blauen Flecken im Oberschenkelbereich kumulieren sich. Aber ein Blick in sein friedlich lächelndes Gesicht, in dem zwei tiefe Grübchen sitzen, lässt mich schnell alles andere vergessen.

Zoe klagt über Bauchweh, was übersetzt etwa heißt: »Ich vermisse die Mami, mir ist langweilig, und ich würde gerne auf deinem Schoß sitzen und was vorgelesen bekommen«.

Während ich Zoe also auf meinem Schoß setze, kommt Jaron in die Gruppenräume, drückt ein Kuscheltier fest an seine Brust und sagt etwas unsicher: »Das ist wirklich mein Kuscheltiger, und ich tu es auch nie wieder«, was übersetzt heißt: »Ich habe ihn geklaut und weiß, dass ich das nicht darf, aber der Tiger ist so schön, und ich mag ihn behalten.«

Ich seufze und nehme mir vor, etwas mehr an Jarons verschwommenem Eigentumsbegriff zu arbeiten, und Jaron schaut mich mit riesigen blauen Augen an und seufzt ebenfalls, ahnend, dass diese Sache wohl nicht wie geplant verlaufen wird. Während ich noch abwäge, was wichtiger ist, das Vorlesen für Zoe oder mich der kriminalistischen Ader von Jaron zu widmen, kommt ein gestresster Vater mit weinendem Kind in die Gruppe gestürzt. »Ich muss sofort ins Büro, und Fini will nicht hierbleiben, kannst du mir nicht helfen?«

Ich nehme Zoe und Jaron an der Hand und versuche Fini mit den Verlockungen des Tages, nämlich Schmetterlinge aus Wasserfarbenklatschbildern, zu ködern, während wir den Vater in Richtung Ausgang begleiten. Dummerweise muss ich in dieser Richtung noch mal den Fünf-Minuten-Parcours, bewältigen.

»Kannst du mal in deiner Gruppe Werbung für unseren Flohmarkt machen?«

»Der Putzdienst hat angerufen, dass das Gehalt für diesen Monat noch nicht eingetroffen ist.«

Und so weiter.

Ich schaffe es mit Fini, Jaron und Zoe zurück in die Gruppe, erkläre Jaron, dass wir erst das Bilderbuch für Zoe lesen und dann über den Kuscheltiger sprechen werden, und während ich ein Kind auf den Schoß setze und die beiden anderen neben mir platziere (was nicht so einfach ist, weil alle unbedingt auf dem Schoß sitzen wollen) und die erste Seite des Buches aufschlage, kommt Waldemar und hält mir seine Tasse unter die Nase (unter die Nase ist in diesem Fall durchaus wörtlich zu verstehen) und spricht ein aufforderndes »noch«, was übersetzt heißt: »Ich möchte bitte noch einen Tee, kann aber die schwere Kanne nicht heben, und es wäre sehr freundlich, wenn du mir behilflich sein könntest.«

Ich vertröste die Vorlesekinder kurz, schenke Waldemar Tee ein, höre zeitgleich Zoe schimpfen, weil Fini nicht sagen soll, sie wäre nicht ihre Freundin, und an der Tür steht Schorschi mit neuem Feuerwehrhelm und Trillerpfeife von Opa ausgerüstet und präsentiert beides begeistert. Ebenfalls angekommen ist Lucille, die sich die Ohren zuhält und nicht minder laut schreit, dass es ihr zu laut wäre.

»A Feuerwehrmann muss immer laut pfeiffa«, erklärt ihr Schorschi und erklärt ihr auch, dass er gedenkt, dies heute den ganzen Tag zu tun. Während ich den Trillerpfeifenopa in Gedanken übelster Folter aussetze und dem Feuerwehrmann vorschlage, doch nur im Garten zu pfeifen, hat Fini wieder angefangen zu weinen, weil ich doch jetzt vorlesen soll und Papa ihr außerdem heute kein Croissant gekauft hat, und Schorschi trillert unbeirrt weiter, weil Feuerwehrmänner auch im Haus pfeifen müssen, derweil stopft Jaron – Blickkontakt vermeidend – entschlossen den geklauten Kuscheltiger ganz tief in sein Hausschuhfach, unser Bufdi ruft mir durch den Gang zu: »Anna, Telefon in der Küche für dich!«, und Kinga steckt kurz den Kopf in die Gruppe und meint zu mir:

»Na nu, schon halb zehn und erst sechs Kinder, heute haste aber mal 'nen gemütlichen Arbeitsbeginn, aber den vergönn ich dir. Tschüss denn mal.«

Mein russisches Täubchen

»Mein Name ist Valerija Medchen, und ich werrde hier arrbeiten. Sie können Lera zu mirr sagen.«

Einigermaßen verblüfft über diese Aussage, denn ich konnte mich nicht erinnern, Valerija Medchen eingestellt zu haben, betrachte ich mein Gegenüber. Lera ist einen Kopf größer als ich und kräftig. Kräftig im wörtlichen Sinne von kräftig, nicht im bayrischen, also keinesfalls dick, aber ihre Muskeln kann ich durch das pastellfarbene Polyesterkleid förmlich spüren. Sie hat schlammbrünettes, dichtes Haar, wunderschöne hohe Wangenknochen, großporige Haut und einen blassen Teint und schräge, fast schwarze Augen, die an einen eher mongolischen Einschlag denken lassen.

Wie sich herausstellt, ist Lera 23 Jahre alt und deutschrussische Ukrainerin. Sie spricht gut deutsch mit starkem Akzent und ist schon als Au-pair ein Jahr lang bei einer Münchner Familie angestellt. Nun möchte sie bei uns im Kindergarten ein freiwilliges soziales Jahr absolvieren. Beeindruckt von ihrem Selbstbewusstsein, biete ich ihr an, einen Tag zum Probearbeiten zu kommen.

Als Lera dann wirklich eine Woche später, übrigens eine halbe Stunde vor Arbeitsbeginn, auftaucht, staune ich nicht schlecht. Ihre natürliche Autorität zieht die Kinder an wie das Licht die Motten. Den ganzen Tag hat sie drei, vier Kinder um sich, die an ihren Lippen hängen. Lenzi als Kind sanfter, eher dem Laissez-faire anhängenden Eltern, verliebt sich sofort.

Auf meine Frage hin, ob sie auch singen könne, antwortet sie prompt:

»Natürrlich.«

»Ist ja schön, singst du auch vom Blatt?«

»Natürrlich.«

In der Realität habe ich selten jemanden so grottenfalsch singen hören. Lera singt den Kindern russische Lieder vor, und zugegeben, Text und Rhythmus scheinen immer der Gleiche zu sein, aber die Melodie ist jedes Mal ein unvorhersehbares Ereignis. Lediglich Lenzi singt mit und fabriziert, nachdem er ihr Gesangsprinzip verstanden hat, ebenfalls ständig neue, dem Prinzip der Chaostheorie unterworfene Tonfolgen. Zart zweifelnde Äußerungen meinerseits, ob das wirklich die richtige Melodie sei (ein paar der russischen Weisen kenne ich ja auch), werden stets gelassen beantwortet:

»Natürrlich.«

Leras Stimme ist dunkel, und sie spricht genauso kräftig und klar, wie sie selbst ist. Sie benutzt keine Wörter wie »vielleicht, aber, könnte, sollte, bitte, glaube, würde«. Ihre Wörter haben den Charakter der Bedingungslosigkeit. Nebensätze scheinen ihr weitgehend unbekannt. Sie buhlt nicht um die Zuneigung der Kinder, was sie sofort interessant erscheinen lässt, und als ich auch noch beobachte, dass sie ohne Aufforderung mit einer Hand den Tisch abwischt (und hier muss ich kurz anmerken, dass ein schmutziger Tisch für die meisten Praktikanten anscheinend mit einer Art klingonischer Tarnkappentechnik versehen ist) und mit der anderen den Rotz, zentimeterlang und wie ein Glockenschwengel baumelnd, von Lucilles Nase in einem Taschentuch verschwinden lässt, ist sie engagiert.

Buhlerei ist im Übrigen eine Grundtorheit aller Neulinge. Für meine süßen Kleinen ist ein neuer Praktikant so etwas wie Frischfleisch!

In der Regel kommen Praktikanten (FSJler, Fachoberschüler, Studenten) sehr motiviert und guten Willens zu uns in die Einrichtung. Sie sind jung, meist weiblich und hübsch, im Münchner Chic gekleidet, und sie sprechen mit hohen Stimmen. Ihre Vorstellung ist in etwa: Ich werde nett mit den kleinen Kindergartenkindern spielen, und dafür werden sie mich lieben und achten und mir schöne Zeichnungen schenken. Danach werde ich mit dem Glücksgefühl des Gutmenschen noch ein paar Dankesworte der von meinen hinreißenden Fähigkeiten beeindruckten Eltern und Pädagogen abkassieren und in meinen verdienten Feierabend gehen, den ich eigentlich gar nicht brauche, denn die Arbeit ist keine im eigentlichen Sinne, denn es ist mir ja in die Wiege gelegt worden, mit kleinen Kindern super klarzukommen. (Münchner Selbstbewusstsein ist immer massig vorhanden. Gibt's wahrscheinlich am Viktualienmarkt zu kaufen.)

Oh, ihr Naiven!

Es ist richtig, dass Kinder sehr gerne mit euch spielen, aber ihr wisst nicht, dass ihr das Spielzeug seid. Es ist ein bisserl wie bei Maus und Katze. Und das Spiel geht so:

1. Die neuen Praktikanten kommen an. Ich stelle sie den Kindern und umgekehrt vor. Meist kommt die Frischfleischlieferung am Montag, manchmal halbjährlich, manchmal auch monatlich und in Saisonzeiten sogar wöchentlich. Erst beachten die Kinder das neue Opfer wenig. Ich denke, sie studieren heimlich erst mal den Manierismus des Neulings, um gezielter vorgehen zu können. Dann kommen erste Spiel- und Sprachkontakte, die die Praktikanten in falscher Sicherheit wiegen sollen. Meist übernehmen diesen Job ein, zwei freundliche Späher. (Praktikant schaut stolz und glücklich.)
2. Danach kommen kleine Fangspiele mit ersten Körperkontakten, die Zahl der Kinder ist auf vier oder fünf angestiegen. (Das ist der Zeitpunkt, an dem die Praktikanten Beifall heischend zu mir schauen.)
3. Dann werden die körperlichen Kontakte, sagen wir mal, etwas rüder: mit Anlauf auf den Rücken springen, an Kleidung zupfen usw. Insgesamt wird's jetzt auch schon ein bisserl lauter. (Praktikant freut sich noch, aber nicht mehr so sehr.)
4. Danach beginnen vorsichtig die ersten verbalen Übergriffe. »Fang mich doch, du Eierloch« ist sowohl ein klassischer wie legendärer Menüstarter, der immer wieder gerne gewählt wird. (Praktikant schaut jetzt unsicher.)

5. Der angestiegene Lärmpegel lockt jetzt auch die unternehmenslustigeren Kinder aus anderen Gruppen an. (Praktikant schaut leicht verzweifelt.)
6. Nach einiger Zeit trauen sich dann auch noch die Schüchternen, mit frenetischem Eierlochgebrüll am Frischfleisch herumzuzerren. In der großen und damit anonymen Masse kann man prima frech sein, und es ist ein Heidenspaß für meine kleinen Lieblinge. Und da hilft es den jungen Leuten auch nichts, zwei kleine Hände vorsichtig wegzuschieben, wenn sofort wieder vier neue da sind. Habe ich schon erwähnt, dass wir über siebzig Kinder im Kindergarten haben? (Praktikant schaut jetzt panisch und Hilfe suchend zu mir.)
7. An Punkt sieben muss ich dann die Entscheidung treffen, rette ich das Frischfleisch, oder lasse ich meine Lieben noch ein Viertelstündchen damit spielen? Normalerweise siegt sofort das Mitleid, aber wenn es bei mir am Vortag beim geselligen Schafkopfabend später geworden ist, lasse ich den Lieblingen meist auch noch ein bisserl Spaß. Wenn der Praktikant anfangs recht schnöselig, arrogant und überheblich war, gerne noch viel, viel länger. Ich bin da leider Gottes etwas von alttestamentarischer Rachsucht geplagt, Auge um Auge und so. Um mein kleines schlechtes Gewissen zu beruhigen, sage ich mir, dass Erfahrungen auch sinnvoll sind, weil die Praktikanten dann beim ersten Anleitergespräch mit dem Thema »Grenzen setzen« viel besser zuhören. (Passt da jetzt: »Wer nie sein Brot mit Tränen aß ...?«)

Großen Spaß hatten wir mal mit einer Kinderpsychologin, die nur zwischendurch einen Tag Erfahrungen in einem profanen Kindergarten machen wollte. Sie wollte den Kindern während der Ausruhzeit (in dieser Zeit sollte es im ganzen Haus eine Stunde ruhig sein, damit die jüngeren Kinder einschlafen können) eine meditative Erlebnisreise schenken. (Sie hat tatsächlich »schenken« gesagt.)

Die Kinder lagen entspannt auf ihren Matratzen und hörten bereitwillig zu:

»Also Kinder, ihr seid jetzt ganz klein. Ihr seid kleine Pflanzenkeime und fühlt euch im Dunklen unter der Erde warm und geborgen. Ihr spürt das Sonnenlicht und fangt an, euch nach oben zu strecken.« Sie streckte beispielhaft ihre Arme nach oben und gähnte dabei wie nach einem langen Schlaf. »Ihr seid jetzt Keime, die nach einem langen Winter ans Tageslicht streben.«

Die Kinder machten gutmütig mit, bis Schorschi, durch das Armestrecken inspiriert, eine bessere Idee hatte:

»Oba i, i bin a Hubschrauber!«

Er ließ seine Arme kreisen und imitierte recht realistisch das laute Rotorengeräusch.

Hubschrauber sein fanden sofort alle viel lustiger als erwachende Pflanze sein!

Den Rest der Ausruhzeit, die ihrem Namen an diesem Tag nicht gerecht wurde, zu beschreiben, erübrigt sich wohl.

Tja, so ist das. Das Bessere ist der Feind des Guten.

Meine Lerascha jedenfalls ist so ganz anders als der durchschnittliche Praktikant. (Die korrekte russische Koseform für Valerija, nämlich Ljeratschka habe ich von meiner polnischen Kollegin abgeschaut beziehungsweise abgehört. Bei den Kindern und mir wurde trotz aufrichtigen Bemühens Lerascha draus.) In den folgenden Wochen erweist sie sich immer wieder als überaus selbstbewusst und überpünktlich, außerdem als brillant ordentlich. Komplementärtalente, die ich überaus zu schätzen weiß. Die Kinder lieben sie, und Lera liebt die Kinder.

Aufgrund ihrer Beliebtheit bei den Kindern hat Lerascha sofort jede Menge Babysitter-Jobs für abends. Bei meinen Schwabinger Eltern spricht sich schnell herum, dass Lera nicht nur die Kinder pünktlich und zufrieden ins Bett bringen kann, sondern nebenbei den Abwasch macht und sich auch sonst als sehr nützlich erweist. Um ihre freien Abende wird regelrecht gekämpft.

Nach einigen Wochen eifrigen Geldverdienens teilt sie mir mit, dass sie aus ihrem bisherigen Zimmer in einem Münchner Vorort ausziehen wolle, weil sie etwas Besseres gefunden hatte. Ich biete ihr an, ihr Hab und Gut mit dem Auto in die neue Bleibe zu bringen. Als mein Mann und ich mit dem Auto zu Leras aktueller Adresse fahren, staune ich nicht schlecht. Es handelt sich um eine gepflegte Fünfzigerjahre-Villa mit riesigem Garten in einer sehr guten Wohngegend. Das Messingschild am Gartentor weist aus, dass es sich um die Villa eines Tierarztes handelt. Wir klingeln und fragen Lera sofort, warum sie hier ausziehen wolle.

»Warrte. Ich zeige Dirr.«

Fast jedes Zimmer ist mit zwei, drei oder vier Betten belegt. Die Villa ist gefüllt mit ausländischen jungen

Mädchen, zwanzig Betten insgesamt! Der Vermieter, ein älterer Tierarzt lebt selbst in einer verschlampten kleinen Kammer, aber die Mädchen erzählen uns, dass er sich oft nachts in ihre Zimmer schleicht, um sie zu beobachten. Sie achten immer darauf, nicht alleine mit ihm zu sein. Er wühlt auch in ihrer Wäsche oder berührt sie auf dem Gang. Letzteres immer mit einer Entschuldigung, als würde es unabsichtlich geschehen. Für jedes Bett verlangt er unverschämte zweihundert Euro im Monat.

Ich schnappe mir sofort mein Handy, um bei der Polizei eine Anzeige wegen sexueller Nötigung und Mietwucher und ich weiß nicht was sonst noch zu machen. Allerdings ohne Erfolg, denn die Mädchen müssen diese Anzeige selber machen.

Keines, auch nicht Lerascha, ist bereit dazu! Alle haben Angst, Schwierigkeiten zu bekommen, einige fürchten um ihre Aufenthaltsgenehmigung, wieder andere haben Letztere gar nicht. Ich koche vor Wut, zur Untätigkeit verdammt zu sein! Und dieser Arzt ist noch nicht mal zu Hause, um ihn zur Rede zu stellen! So müssen wir uns erst mal damit begnügen, Lerascha zu befreien, die ein paar Straßen weiter ein WG-Zimmer in einem Haus mit sieben jungen Leuten gefunden hat.

Als mein Mann, Lerascha und ich nach dem Umzug noch in einen Biergarten in der Nähe gehen, sind wir immer noch ganz außer uns vor Empörung. Zwei Tische neben uns sitzt eine Frau, etwa Mitte sechzig, mit sorgfältig blondiertem Haar und kräftig nachgemalten Augenbrauen und in Begleitung zweier älterer Pudel.

Da habe ich eine Idee: Ich entschuldige mich kurz

bei Lera und meinem Mann, schlendere zum Tisch der Dame und frage sie, ob ich mich kurz zu ihr setzen könne.

»Ja mei, was für nette Hunde sie da haben. Sind Sie mit denen vielleicht auch bei Doktor Geifer?«

Es stellt sich heraus, dass die Dame ihn zwar nicht persönlich kennt, aber ihre allerbeste Freundin ist Nachbarin von Dr. Geifer (ich muss hier alles anonymisieren, der Dr. heißt in der Realität natürlich anders).

»Ja, der Herr Doktor ist ja ein sehr angesehenes Mitglied des Pfarrgemeinderats, des Golfclubs und des Lionclubs.«

Tu Gutes und sprich darüber, denke ich mir und erzähle ihr alles brühwarm.

Jetzt geht's mir schon viel besser.

Am Abend bereuen wir unseren frühen Abzug aus der Doktorenvilla. Als mein Mann ihn anruft – er will ihm unbedingt die Meinung geigen –, fragt der Herr Doktor doch tatsächlich, ob er die Mädchen vielleicht für sich haben wolle!

Dass dann morgens um Punkt acht Uhr beim Finanzamt ein Anruf fällig ist, erklärt sich von selbst. Mein Mann informiert den zuständigen Sachbearbeiter, Herr Dr. Geifer aus der Schönherrenstraße habe jährliche Nebeneinnahmen in Höhe von 48 000 Euro durch Mietzins und gibt den Tipp, mal nachzuprüfen, ob diese auch ordentlich versteuert seien.

Jetzt geht's meinem Mann auch schon viel besser!

Und Lerascha geht es auch viel besser. Sie schimpft zwar immer wieder über die Jungs in ihrer neuen WG – ihrer Meinung nach alles Taugenichtse und

Versager, weil sie entweder schon zwölf Semester studieren oder Berufen wie Musiker, Barkeeper, Teilzeitvolkshochschullehrer und so weiter nachgehen –, die den von ihr erstellten Putzplan nicht einhalten, aber ihre Stimmung ist deutlich heiterer geworden.

Wer ihrer Meinung nach den Putzplan ebenfalls nicht einhält, sind die Eltern im Kindergarten. Wie in den meisten Elterninitiativen üblich, müssen die Eltern die Gruppenräume ihrer Kinder turnusmäßig selbst in Ordnung bringen. Das geschieht meist nicht zu Leraschas Zufriedenheit.

»Du, ich habe gesterrn einen Vater beobachtet. Dieserr Mann hat nicht gesaugt unterr die Schlafmatrrazen von Kinderr und nicht unterr Sofa. Ich werrde nicht akzeptierren. Meine Kinder spielen in Drreck!«

»Lass mal Lerascha, ich werde beim nächsten Elternabend mal über die Hygienestandards reden, die wir alle zusammen für die Kinder haben wollen, das ist taktisch besser, als einzelne Eltern zu kritisieren«, versuche ich die Aufgebrachte zu beruhigen und freue mich, dass sie mittlerweile auch schon »meine Kinder« sagt.

Auch in der wöchentlichen Teamsitzung lässt sie ihrem Abscheu darüber freien Lauf: »Warrum haben Elterrn Schlüssel von Kindergarrten? Elterrn machen nurr Drreck am Wochenende!!

Wir zucken alle mit den Schultern, das ist nun mal so in einer Initiative. Aber natürlich haben wir alle unsere Bilder im Kopf, wenn mal wieder alle Turnsachen am Montagmorgen im ganzen Haus herumlagen, wenn Eltern zwar Spaß am Wochenendgrillen hatten, aber keiner auf die Idee kommt, den Grill auch wieder zu reinigen und aufzuräumen und so weiter.

Beim nächsten Elternabend will Lerascha ihre Sache unbedingt selbst vertreten. Ich bin einverstanden und coache sie vorher noch ein bisschen, wie man mit Charme und geschickter Gesprächsführung meist mehr erreichen kann.

Lerascha nickt verständig und startet eine Stunde später den Elternabend mit einem charmanten und souveränen: »Ihr seid alle Schweine!«

Sämtliche anfangs noch aufgeräumten Schwabinger Akademikereltern-Mienen vereisten.

»Ja Schweine. In ärrmsten russischen Schweinestall ist nicht so Dreck wie hierr. Wo kleine Kinderr spielen. Werrden Krrankheiten bekommen. Wenn Ihrr werrdet faul sein zu putzten, ich werrde in Frreizeit putzen. Und Gläser. Wie sehen Trrinkgläser von Kinder aus? Wenn Ihrr habt so ein Glas in Eurre teurre Lokale, Ihrr werrdet nicht trrinken. Aber Kinder sollen!«

Der darauf folgende viertelstündige Monolog meines russischen Täubchens verweist Giovanni Trapattoni ungefähr in die Liga des heiligen Franziskus. Danach sitzt Lerascha mit verschränkten Armen da, und ihre schönen Kohleaugen blitzen. Wie beschrieben, verfügt mein Täubchen über eine Aura natürlicher Autorität, die nun auch auf die Eltern ihre Wirkung zeigt. Nach einer Minute peinlichen Schweigens räuspert sich schließlich der Vorstand der Elterngruppe:

»Nun ja, Lera, du hast uns den Hygienezustand der

Gruppe ja sehr bildhaft geschildert, und ich denke, wir sollten alle daran arbeiten.«

Es dauert nicht lange, da hat mein Täubchen den Vereinsvorstand so weit, unserer bisherigen Putzfirma, die für die Reinigung der allgemeinen Räume, WC, Turnraum, Büro etc. zuständig ist, wegen Sauberkeitsmängel zu kündigen. Stattdessen übernimmt Lerascha den Job.

Ring of Fire

So, jetzt wollen wir mal über ein für mich sehr unangenehmes Thema reden: feste und halbfeste Körperausscheidungen. Eigentlich banal anal. Die dreijährigen Knirpse müssen nicht windelfrei sein, wenn sie zu uns in den Kindergarten kommen. Natürlich freuen wir uns, wenn es trotzdem der Fall ist. Da die Windelfreiheit auch im Interesse der Eltern liegt, waren sie heuer eifrig, und ich habe dieses Jahr nur drei Windelträger: den kleinen Hubertus, Jaron und Fini.

Bei diesem Thema bin ich die Schande meines Berufsstandes. Ich kann keine Windeln wechseln! Es würgt mich sofort. Meine gütigen, phantastischen Kolleginnen führen mich in so einem Fall gleich mit Riechfläschchen ins Freie und übernehmen diese Herkulesarbeit für mich. Vor den Kindern versuche ich natürlich meinen Ekel so gut es geht zu verbergen – die ganze Sauberkeitserziehung soll ja gemäß unseres Konzepts lustvoll geschehen.

Besonders gut gelingt mir meine Heimlichtuerei bei Jaron. Jaron bleibt zurzeit nur bis Mittag im Kindergarten, da sich die Mutter Erziehungsurlaub genommen hat und er nach vier Stunden ohnehin so alle ist, dass er beim Mittagessen schon kaum mehr aufrecht sitzen kann und ich täglich Angst habe, dass ihm vor Müdigkeit sein Kopf in den Teller knallt.

Normalerweise erledigt Jaron sein Geschäft erst, wenn Johanna, seine Mutter, kommt, um ihn abzuholen. Das ist nichts Unübliches. Loslassen braucht Intimität und Vertrauen.

Er versteckt sich in einem Verschlag unter der Rutsche im Turnraum. Nach zirka zehn Minuten trägt seine Klausur gewöhnlich Früchte, und ein außergewöhnlich bestialischer Gestank berichtet täglich vom Ende seiner Anstrengungen.

Johanna ist dies immer oberpeinlich, denn der Turnraum ist mittig im Gebäude angesiedelt, und alle, die in die hinteren Räume gelangen wollen, müssen ihn durchqueren. Größere Kinder, die den Raum betreten, halten sich mit ihren Kommentaren keineswegs zurück: »Mensch, der Kleine hat wieder einen brutal krassen Stinker abgeliefert. Schnell weg, ehe wir sterben.« – »Wir können jetzt nicht rutschen, Jaron hat wieder die Luft verpestet« und so weiter. Auch andere Eltern können ihr Entsetzen kaum verbergen und laufen kreidebleich und häufig mit Taschentuch vor dem Mund durch den Turnraum. Und die arme Johanna sitzt, den Blick beschämt auf den Boden gerichtet, auf einer Turnbank und erwartet ihren Sprössling aus dem Verschlag. Und ich, ich bin heilfroh, dass Jaron diese Sache im Turnraum und nicht in unseren Gruppenräumen erledigt!

Doch dann ereilt mich eines Tages das *worst case scenario*, denn natürlich kann es für mich nicht so perfekt weitergehen: Morgens um 10.30 Uhr beschließt Jaron, seine Routine zu durchbrechen. (Wahrscheinlich war er nur ein bisschen krank, aber die Eindringlichkeit seines speziellen Duftes ließ an einen direkt aus der Hölle kommenden Vorsatz zur Vernichtung der ganzen Menschheit denken.)

Wir sitzen gerade alle am Brotzeittisch, als Sülo, der neben Jaron platziert ist, plötzlich ein strenges »Nein« in Richtung Jaron verlauten lässt. Und dann haben wir bereits alle die Ausdünstungen der Vernichtungswaffe in der Nase. Ein paar Kinder springen auf und schreien.

»Na, na beruhigt euch mal alle wieder, das ist doch nicht so schlimm«, lüge ich unter Aufbietung aller mentaler Kräfte, »komm mit, mein Süßer, wir werden mal die Windeln wechseln.«

Während ich mit einer Ohnmacht kämpfe, nehme ich Jaron tapfer in die Hand und bringe ihn in den Nebenraum, wo ich schnell die Tür ins Freie öffne. (Ich merke im Augenblick, dass mich auch beim Schreiben dieser Zeilen erneut Schwindel erfasst. Der Körper verfügt ja bekanntlich über ein Schmerzgedächtnis. Selbiges wurde bei mir gerade aktiv, und ich muss eine Nase Parfümduft zu mir nehmen, ehe ich weitere Zeilen zu diesem Thema zu Papier bringen kann.) Ich sage zu Jaron, dass jetzt gleich jemand kommen würde, um ihn umzuziehen, aber damit war er ganz und gar nicht einverstanden.

»Du sollst.«

»Das kann ich leider nicht so gut, vielleicht soll dich lieber die Lerascha umziehen?«

»Du sollst.«

»Soll dich die …« – ich probiere die Namen aller Kolleginnen durch – »…vielleicht umziehen?«

»Nein, du sollst oder die Mama.«

»Das ist eine sehr gute Idee, ich ruf mal deine Mama an.«

Ich bin heilfroh, unter einem Vorwand den Raum verlassen zu können, um wieder in eine habitable Zone zu gelangen, denn wie eine Südseeperlentaucherin hatte ich seit Minuten nicht mehr gewagt, einzuatmen. Dummerweise ist Johanna nicht erreichbar, aber ich hinterlasse ihr eine Nachricht auf dem Handy, die ungefähr »Johanna, rette mich!« lautet. Als ich zurück in die Gruppenräume gehe, höre ich schon an der Tür, dass alle Kinder auf Jaron einreden.

Lucille: »Bitte, bitte lass dich umziehen. Das stinkt so ganz, ganz schlimm.«

Tamaki sagt irgendetwas Japanisches, das ungeheuer eindringlich klingt.

Sülo schimpft immerfort »nein, nein, nein«, und Schorschi hat die Idee, ihm sein neues Feuerwehrauto zu schenken, wenn Jaron sich die Windeln wechseln lassen würde. Diese Idee wird sofort übernommen, und jeder in der Gruppe bietet Jaron Geschenke an, wenn er nur der Transaktion zustimme.

Jaron liegt ruhig auf dem Sofa, spielt mit seinen Haaren und hat keine Probleme, allen Versuchungen (ähnlich wie Jesus in der Wüste) zu widerstehen: »Die Anna soll oder die Mama.«

Alle Kinder sehen mich vorwurfsvoll an, und Lucille sagt laut, was aus aller Augen spricht: »Mach es endlich.«

Verdammt, ich bin aufgeflogen.

»Ich würde ja gerne, aber ich kann wirklich nicht.«

Ich erkläre den Kindern mein Handicap und ernte

dafür eine Mischung aus Ungläubigkeit (Erwachsene können doch so was), Geringschätzung und Verständnis. Gott sei Dank kommt Retterin Johanna, die praktischerweise in der Nachbarschaft wohnt, gerade völlig atemlos um die Ecke.

»Anna, was ist denn passiert? Ich habe gerade die Mailbox …«

Den Rest spart sie sich, denn das Methanwölkchen des Todes ist in diesem Augenblick von ihren Nasenrezeptoren schnellstens an die Riechzellen weitergeleitet worden.

Drei Wochen später ist Jaron endlich windelfrei, und Johanna und ich gönnen uns zu diesem Anlass gemeinsam eine Flasche Prosecco.

Dem kleinen Hubertus gestehen wir aufgrund seines zarten Alters noch mindestens ein halbes Jahr Windeln zu. Aber es ist Lucille, die ihn mit einem einzigen Satz überzeugt.

Hubertus und Lucille haben sich angefreundet, da sie in derselben Straße wohnen und sich manchmal besuchen. Die Eltern, nicht ganz uneigennützig, unterstützen diese Beziehung.

Eines Tages, als ich die Pipiwindel von Hubertus wechsle (Pipi kann ich), fragt Lucille, die wartend neben ihm sitzt, ihn in ihrer direkten Art:

»Warum hast du eigentlich noch eine Windel?«

Hubertus blickt sie an. Er bohrte in der Nase, das tut er immer, wenn er überlegt, es scheint seinen Denkprozess zu unterstützen, und schließlich zieht er – zeitgleich mit einem Popel aus der Nase – die Antwort aus dem Hut: »Die Mama zieht mir immer die Windel an. Ich weiß eigentlich gar nicht, warum sie das macht.«

Lucille: »Dann sag doch deiner Mama, dass sie das nicht machen soll.«

Hubertus popelt wieder, diesmal ziemlich lange, und sieht dabei Lucille prüfend und nachdenklich an. Schließlich meint er: »Ok.«

Das war's.

Und dann kommt der Tag, an dem schließlich auch Fini aufhört, die Windel zu füllen. Es ist der Weltlesetag. Fini ist ein Mädchen wie aus der Werbung: sommersprossig, bildhübsch und mit einer üppigen, goldenen, kaum zähmbaren Korkenzieherlockenpracht bis zur Taille gesegnet. Ohne Frage die schönsten und längsten Haare im ganzen Kindergarten (leider ist das auch schon in diesem Alter ein wichtiges Statussymbol für kleine Mädchen). Aber aufs Töpfchen gehen interessiert sie nicht die Bohne. Die Eltern haben schon alles versucht und versprechen ihr Belohnungen, für die andere gemordet hätten ... nix.

Mit den Eltern (die Hippiefrau Vera und der Banker Siggi) habe ich bei einem Elterngespräch besprochen, dass wir gemeinsam mit positiver *self-fulfilling prophecy* arbeiten werden. Wir sprechen also ständig und ausdauernd mit Fini darüber, dass es bald, sehr bald klappen wird und dass dies dann die bedeutendste und wunderbarste Sache der Welt sein würde. Zur Vorbereitung dieses sensationellen Ereignisses darf Fini sich selbst zwei neue Töpfchen aussuchen. Eins ist lila mit Glitzereinschlag für zu Hause, und eines strahlt in Rosa mit einem feuerroten Sitzrand (Wer denkt gerade an *Ring of Fire?*) und ist für den Kindergarten gedacht. Man kann schließlich das Tollste, Wertvollste, Unglaublichste, Schönste, Zauberhafteste auf der großen weiten Welt keinem profanen Durchschnittstöpfchen anvertrauen.

Tatsächlich ist Fini anzumerken, dass sie sich jetzt bemüht. Im Kindergarten steht ihr Töpfchen im Musikzimmer neben dem Büro, damit auch die nötige Ruhe und Konzentration möglich ist, und sie schafft es tatsächlich, ihre Spielkameraden zu verlassen, um täglich ein paar Minuten auf ihrem roten Feuerstuhl (wer denkt schon wieder an *Ring of Fire?*) zu sitzen. Auch Fini ist jetzt davon überzeugt, dass bald der große Tag kommen wird.

Inzwischen sieht der Kindergarten aufgeregt einem anderen großen Ereignis entgegen: Ein Minister will sich am Weltlesetag unters Volk mischen und hat angekündigt, unseren Kindern pressewirksam vorlesen zu wollen.

Wir fühlen uns geschmeichelt. Gute politische Beziehungen sind immer wichtig, und es ist auch ein sehr guter Anlass, die Vorschulkinder in das Thema »Demokratie in der Staatsstruktur« einzuführen. Da mein skeptisches Team einem Minister nicht zutraut, die größeren Kinder während des Vorlesens bei der Stange zu halten, müssen meine Dreijährigen ran, gibt ja auch süßere Fotos.

Die Eltern haben das Büro auf Hochglanz geputzt, der Fußboden sieht aus wie lackiert. Sogar die Vorhänge wurden gewaschen und das riesige Sofa mit kuscheligen, bunten und sogar sauberen Kissen bestückt. Auf dem Tisch liegt eine blütenweiße, gebügelte Damasttischdecke, ebenfalls von beflissenen Eltern angeschleppt.

Ich bereite meine Kleinen vor, dass wir heute Besuch bekommen würden, der im Büro etwas Schönes für sie vorlesen würde, und ein paar Kinder machen Zeichnungen, um den Tisch zu dekorieren, und Sülo stellt sogar sein Lieblingsplastiktier, ein Mammut, als Dekoration auf den Tisch. Alle spürten irgendwie, dass uns etwas Wichtiges bevorstand.

Ich bin äußerst zufrieden mit unserem Büro, so schön und sauber hat es meines Wissens noch nie ausgesehen, und schließe die Tür hinter mir.

»Kommt, Kinder, wir warten in unseren Gruppenräumen auf den Minister.«

Pünktlich, na sagen wir mal fast pünktlich, kommt unser hoher Besuch mit zwei Begleitpersonen. Einer unserer Vorstände hat sich extra zur Begrüßung freigenommen und führt den Ministertross ins Büro, ich und meine Kleinen hinterher.

Mitten auf dem Sofa thront Fini.

Die Beinchen ordentlich geschlossen, das Kleidchen zurechtgezupft und die Händchen brav über Kreuz auf dem Schoß gefaltet, sieht sie aus wie der fleischgewordene Inbegriff von überirdischer Niedlichkeit. Fini strahlt übers ganze Gesicht, und ihre Wangen sind vor Aufregung und Stolz ganz gerötet. Auch sie hat den Tisch dekoriert und ein Geschenk für den Minister platziert, nämlich ihr Töpfchen, erfolgreich gefüllt mit dem Zauberhaftesten, Wertvollsten, Wunderbarsten …

Spinnen schmecken nach Melone

Zoe muss stets an meiner Hand gehen. Besonders der große Garten scheint ihr so unübersichtlich, dass sie sich fest an mich klammert, während alle anderen Kinder spielen. Also machen Zoe und ich sogenannte Gartenrunden und passen gemeinsam auf alle Kinder auf. Als wir beide am Sandkasten vorbeikommen, sehen wir Lenzi mit einem Weberknecht spielen. Es betrachtet ihn zärtlich und lässt ihn von einer Hand auf die andere krabbeln. Eine Runde später spielt Lenzi immer noch liebevoll mit der kleinen Spinne. Ich bewundere sein neues Spielzeug gebührend, während Zoe sich hinter meinen Beinen versteckt. Sie hat sichtlich Angst vor Spinnen. Auch als wir das dritte und vierte Mal Lenzi mit seiner Spinne passieren, spielt er hingebungsvoll mit dem zarten Tier, und ich wundere mich, wie ein so großes und ungelenkes Kind so geschickt mit einem so filigranen Wesen wie einem Weberknecht umgehen kann. Lenzi ist augenscheinlich sehr tierlieb.

»I ha heine hinne ho hieb«, meint er und sieht das Tier beinahe verliebt an.

»Ihh Lenzi«, sagt Zoe angewidert, wobei sie ihren Kopf durch meine Beine steckt, »du kannst doch keine Spinne liebhaben, und außerdem ist das nicht deine Spinne, die gehört dem ganzen Kindergarten.«

Lenzi funkelt Zoe durch seine dicken Brillengläser zornig an. Es gefällt ihm nicht, was sie da sagt. Er macht einen Schritt auf Zoe zu, worauf sie sich sofort wieder hinter meine Beine zurückzieht, denn wir kennen uns jetzt ja schon ein bisschen, und alle wissen, dass der Lenzi wirklich öfter haut und beißt, wenn was nicht passt. Da Lenzi aber immer fünf Sekunden braucht, um zu analysieren, ob ihm was nicht passt, haben die Cleveren immer Zeit, um wegzulaufen. Wenn ich in der Nähe bin, kann ich eingreifen, so wie jetzt: »Jetzt geh, Lenzi, du kannst mit der Zoe sprechen, wenn es dir nicht gefällt, was sie sagt.«

Ich nehme an, nein, ich bin mir sicher, dass Lenzis Bereitschaft, Ohrfeigen zu verteilen, an seiner Sprache liegt, denn es macht wütend, nicht verstanden zu werden. Bei ihm habe ich dies schon am ersten Tag beobachtet. Beim ersten gemeinsamen Mittagessen fragte er Laetizia nach ihrem Namen, was sich etwa so anhörte: »Hi hei hu?«

Nachdem ihn Laetizia nur verwundert angesehen und nicht reagiert hatte, schrie er ihr ins Ohr: »Hi hei hu?«

Laetizia antwortete noch immer nicht, also haute Lenzi ihr eine runter.

So einfach war das, Unhöflichkeit wird von Lenzi nicht geduldet. Geschickterweise haut er aber nur Kinder, die ihm körperlich unterlegen sind, und das sind fast alle aus unserer Gruppe, lediglich Sülo, ein wendiges und geschicktes Muskelpaket, flößt ihm Respekt ein. Bisher hat er nur einmal versucht, Sülo körperlich zurechtzuweisen, und ist dabei sichtlich an den Falschen geraten. Wenn allerdings größere Kindergartenkinder etwas sagen, das Lenzis Missfallen erregt, fährt er die Strategie, nach besagten fünf Sekunden Reaktionszeit entsetzlich zu weinen. Manchmal genügen harmlose Sätze wie: »Du bist erst drei Jahre und darfst noch keine Kindercola trinken«, um den kleinen Lenzi aufs Tiefste zu erschüttern, und die großen Kinder stehen dann immer hilflos mit dem Ich-hab-ihm-doch-nix-getan-Blick daneben. Aber wie gesagt, wir wissen alle Bescheid, und die Erwachsenen ziehen den Ring der Aufsichtspflicht bei Lenzi etwas enger, so wie wir es bei allen Kindern machen, die noch eine gewisse Körperlichkeit zur Unterstreichung ihrer Interessen einsetzen.

Im Fall Zoe unterstütze ich ihn und bestätige, dass er Spinnen durchaus liebhaben kann, was wiederum Zoe nur mit verächtlichem Schnauben kommentiert. Als wir bei der nächsten Gartenrunde wieder bei Lenzi ankommen, ist die Spinne weg.

»Lenzi, wo ist denn deine süße Spinne?«, frage ich ihn.

»Ehehhen«.

»Was?« Jetzt glaube ich, ihn nicht gut genug zu verstehen.

»Ehehhen.«

»Gegessen? Hast du gegessen gesagt?«

»Ha, ih hahe hi ehehhen.«

Ich bin so verdattert, dass mir nur eine dämliche Frage einfällt:

»Und wie hat sie geschmeckt?«

»Ha Hehone.«

Ah ha, nach Melone. Mein kulinarisches Wissen

ist um eine Erkenntnis reicher geworden, zu der ich wahrscheinlich sonst nur bei einem Aufenthalt in einer abgelegenen nordchinesischen Provinz gelangt wäre.

Essen ist eine wichtige und außerdem sehr lehrreiche Sache.

Da sich unsere Tamaki weigert, irgendein Wort Deutsch zu sprechen, gehen wir dazu über, Japanisch zu lernen. Wir machen unsere Brotzeit in der Kindergruppe immer gemeinsam und essen alle dieselben gesunden Sachen, die die Eltern für uns vorbereiten. Auf unserem Tisch stehen gewöhnlich Fingerfoodteller mit Gemüse, Obst, Vollkornbrot und so weiter. Ich bin dazu übergegangen, dass wir jeden Tag einen japanischen Begriff lernen, und Tamaki soll im Gegenzug ein deutsches Wort lernen. Die intelligente Tamaki begreift sehr schnell, wie dieses Spiel funktioniert, und hat täglich unheimlichen Spaß daran.

Ich zeige also auf eine Gurke und spreche langsam und deutlich »Gurke«, und alle Kinder schauen Tamaki auffordernd an, während sie ein langgezogenes »Gurke« wiederholen. Tamaki spricht es brav nach und teilt uns die japanische Übersetzung mit, die wir dann im Gegenzug alle nachsprechen: »hanakuso«.

Sülo lernt auf diesem Wege nebenbei gleich zwei Sprachen, obwohl er mit seinem geliebten »Nein« den Tag eigentlich hervorragend meistert. Wir kennen mittlerweile schon ein paar Wörter: Karotte hieß »nenrei kouto«, und »orokana saru« ist die Übersetzung für Apfel. Das sind unsere Lieblingswörter, und die Kinder benützen sie auch schon lieber als die deutsche Bezeichnung. Tamaki lacht sich dabei förmlich unter den Tisch, und das ist so ansteckend, dass wir, wenn eins dieser Wörter fällt, ebenfalls eine Fetzengaudi haben. Unser Japanisch wird in den nächsten drei Jahren zur Perfektion reifen!

Doch dann, eines Tages, wird Tamaki ausnahmsweise früher abgeholt. Ihr Mutter steht an der Tür und hört unser perfektes »Nenrei kouto«. Ich schaue (ein bisserl Beifall heischend, weil wir ja so multikulti sind) zu ihr, aber Yüjin beachtet mich nicht. Sie spricht unheimlich schnell und laut auf ihre Tochter ein. Tamaki antwortet ebenfalls mit einem leidenschaftlichen Wortschwall, und ich denke für mich, komisch, das Japanische hört sich immer an wie Schimpfen und Streiten, ist halt eine ganz andere Mentalität.

Ich liebe die Zusammenarbeit mit asiatischen Eltern, sie sind immer sehr höflich und zuvorkommend, da Pädagogen in diesen Ländern ein sehr hohes Ansehen genießen. (Der Stellenwert einer Erzieherin hier in Deutschland liegt ja etwa in Höhe einer Pfandflaschensammlerin.) Tamakis Vater ist Gastwissenschaftler an der Universität, und Yüjin ist Pianistin. Beide sind überaus angenehm im Umgang, und auch die beiden Töchter sind sehr intelligent und höflich. Nicht dass ich nicht gerne mit Münchner Eltern über deren unendlichen Forderungskatalog diskutieren würde, aber manchmal tut es einfach der Seele gut, so etwas wie »Vielen Dank für den Tag, den du mit meiner Tochter verbracht hast« zu hören.

Mittlerweile sind Tamaki und ihre Mutter mit ihrem Disput am Ende, und Yüjin winkt mich zu sich. »Bitte, ich muss mit dir sprechen. Weißt du, was nenrei kouto heißt?«

Stolz antworte ich: »Klar, nenrei kouto ist die Karotte.«

»Bitte verzeih, nein, nenrei kouto heißt übersetzt »alter Kot«.

»Alter Kot, wirklich?«, frage ich nach, und Tamakis Mutter senkt verschämt den Kopf und nickt.

»Was heißt denn orokana saru?«

»Ihr dummen Affen.«

»Und hanakuso ist wahrscheinlich auch nicht die Gurke, oder?«

Sie schüttelte den Kopf. »Nasenpopel«, sagt sie, und ihr gesenkter Blick hebt sich wieder. Sie sieht mir in die Augen.

Wir stehen uns gegenüber, und diesmal brauche ich die fünf Sekunden Analysezeit, die sonst Lenzi immer in Anspruch nimmt, aber dann pruste ich los. Und auch Yüjin kann schließlich nicht mehr an sich halten und lacht mit, es hört sich bei ihr nur mehr nach Schweinegrunzlauten an – die ja nun so gar nicht zu ihrer ätherischen asiatischen Schönheit passen wollen –, weil sie versucht, ihr (wahrscheinlich als unhöflich geltendes) Lachen zu unterdrücken und sich beide Hände vor den Mund presst.

»Bravo, Tamaki, da hast du uns aber schön reingelegt«, meine ich zu ihr.

Tamaki schaut mich an und grinst übers ganze Gesicht. Sie hat ihre Mutter und mich ja gemeinsam lachen hören, und ich bemühe mich erst gar nicht, eine strenge Miene aufzusetzen. Den Kindern erkläre ich noch mal in aller Ausführlichkeit Tamakis Übersetzungen, bis es alle begriffen haben. Natürlich ist keiner sauer auf Tamaki. Im Gegenteil, Wörter wie hanakuso werden nun umso lieber benützt und sorgen weiterhin für ausufernd gute Stimmung. Und mit orokana saru kann man prima frech zu den großen Kindern sein. Und mir – als gute deutsche Erzieherin alter Schule – gibt es das sichere Gefühl, dass meine Süßen, sollten sie jemals Japan besuchen, dort sofort mit geschliffener Kommunikation mühelos in jedem Restaurant brillieren können.

Sayonara.

Unsere gemeinsamen Essen sind immer lustig. Aber es ist nicht immer einfach, die Kinder, die eigentlich gerade mit Spielen beschäftigt sind, gemeinsam an den Tisch zu bringen.

Mit Waldemar ist es hoffnungslos. Er weigert sich schlichtweg, gemeinsam mit allen am Tisch zu sitzen. Er versteckt sich immer hinter den Matratzen und weint bitterlich, sobald ich ihn holen will. Ich akzeptiere dies, und auch die Kinder haben Verständnis. Kinder sind toleranter und haben weniger Vorurteile als wir Erwachsenen. Eine Erklärung wie: »Der Waldemar gehört noch zu den Jüngeren aus unserer Gruppe und braucht halt noch mehr Zeit, bis er zu uns an den Tisch kommen kann«, genügt durchaus.

Unsere Regelung mit Waldemar ist ganz einfach. Wenn wir mit dem Essen fertig sind, sagen wir ihm Bescheid. Waldemar kommt dann unter seinem Matratzenstapel hervor, setzt sich brav an den Tisch und isst eine Stunde lang genüsslich alle Reste auf. Er liebt es, zu essen, und ist dabei sehr vergnügt. Ich denke, auch seine Sonderrolle gefällt ihm gut. So wie auch die Diät, die sein Kinderarzt als notwendig befindet: Er darf weder Weizenmehl noch Milchprodukte, weder Tomaten noch Südfrüchte und Nüsse zu sich nehmen. Ich habe ja erwartet, dass dies für Waldemar, den leidenschaftlichen Esser, eine Katastrophe sein würde, von wegen! Er liebt es, an meiner Hand und mit einem leeren Teller bewaffnet durch alle Gruppen zu tigern und sich sein Menü zusammenzusuchen. Da sich in unserem mehrgruppigen Kindergarten die Alpha-Eltern natürlich nie auf einen gemeinsamen Caterer einigen können, gibt es irgendwo immer eine essbare Alternative für Waldemar. Und natürlich suchte er sich als erfahrener Gourmet geschmackssicher das Leckerste aus.

Und als er an einem dieser Tage heiße Dinkel-Soja-Pfannkuchen, dick mit Puderzucker bestreut und mit frischen Erdbeeren garniert, sowie als Nachtisch einen Schoko-Öl-Kuchen erbeutet hat, beschließt er, ab jetzt mit uns am Tisch zu sitzen. Ein feines Lächeln umspielt sein Gesicht, und er genießt die neidvollen Blicke aller Kinder, die lustlos in einem Gemüseeintopf herumstochern, in vollem Zuge!

Eine viertel Stunde vor dem Essen muss ich täglich für die Suche nach Sülo einrechnen. Sülo hat bereits vielfältige Kontakte im ganzen Haus geknüpft. Er ist ein begnadeter Socialplayer und wird sogar von den älteren Jungs akzeptiert. (Sein zweites deutsches Wort, das er in seinen aktiven Wortschatz aufgenommen hat, lautete »Kumpel«.) Während die meisten Dreijährigen tunlichst darauf achten, sich in meiner sicheren Nähe aufzuhalten (vgl. Lorenz und die Graugänse), ist Sülo ständig irgendwo unterwegs. Sülo ist da, wo Action ist. Er liebt Bewegungs- und Tobespiele, denn da kann er nonverbal kommunizieren. Er ist das erste Kind in meiner Gruppe, das mit dem Fahrrad fahren kann, er macht mühelos Saltos, klettert wie ein Gecko auf die höchsten Bäume, zieht zum ersten Mal in seinem Leben geliehene Rollerblades an und läuft eine Stunde später mit traumwandlerischer Sicherheit im ganzen Haus herum. Als er mit dreieinhalb ein Skatebord bekommt, saust er damit auf dem steilen Hügel in unserem Garten herunter und hat im Gegenlicht die elegante Silhouette des Silver Surfers.

Logisch, dass in seinem Leben als Actionheld so ein mütterlich anmutender Spießersatz wie »Komm, Sülo, wir wollen zusammen mittagessen« ganz und gar nicht hineinpasst. Nach seinem obligatorischen »Nein« muss ich immer mindestens fünf Minuten mit schweren Argumenten wie »vom Essen wird man stark und bekommt viele Muskeln« auf ihn einreden, ehe er mir seine Hand reicht und sich mit trauerumflorten Augen und gesenktem Kopf wie ein zum Tode verurteilter Strafgefangener von mir an den Essenstisch bringen lässt. Dann aber verputzt er Portionen wie ein Bergarbeiter. Er isst – im Gegensatz zu vielen anderen – einfach alles, sogar Salat, den die meisten Kinder in die Kategorie »Giftanschlag« einstufen. Wahrscheinlich kann er es sich aufgrund seines enormen Kalorienbedarfs auch nicht leisten, wählerisch zu sein.

Eines Tages aber jagt Sülo uns einen mächtigen Schrecken ein: Er brüllt, nachdem er in einen Kräcker mit Frischkäse gebissen hat, unvermittelt los! Alle Kinder sind ganz still vor Schreck und schauen ihn mit großen Augen an. Sülo weint nie. Aufgrund seines Sportlerlebens ist sein Körper ständig mit Schrammen, Beulen und blauen Flecken übersät, doch nie hat jemand erlebt, dass Sülo bei einem seiner zahlreichen Unfälle weinte.

Nun aber schreit Sülo sich die Seele aus dem Leib, und die Tränen springen wie Geschosse aus seinem Gesicht. Ich bin froh, dass wir noch seinen größeren Bruder im Haus haben, und schicke sofort meine Praktikantin, ihn als türkischen Übersetzer zu holen. Sülo ist so außer sich, dass er sich sogar bereitwillig auf meinen Schoß setzt, worauf er sonst keinen Wert legt.

Es dauert lange, bis er sich so weit beruhigt hat, dass er, von vielen Schluchzern unterbrochen, erzählen kann, was passiert ist.

Der kleine Übersetzer sagt es uns: »Der Kräcker war weich!«

Sülo hat schon öfter Kräcker gegessen, und Kräcker haben knusprig zu sein. Durch den Frischkäse aber wurde dieser Kräcker so aufgeweicht, dass er seine ureigenste Eigenschaft, die der Knusprigkeit, eingebüßt hat. Das war ein vollkommen unerwartetes Geschmackserlebnis für Sülo, und es hat ihn vollkommen aus der Bahn geschmissen. Merke: Auch bei Helden gibt es Unwägbarkeiten im Alltag, die sie jederzeit niederstrecken können.

Nachdem sich I. I. zum Kindergartenvorzeigekind gemausert hat und nun Riesenstress zu Hause macht, wenn sie mal nicht in den Kindergarten gehen darf, ist Milhouse' Ehrgeiz in Erziehungsfragen geweckt worden. Jedenfalls gibt er mir strikte Anweisungen, was das Essen seiner Tochter betrifft. Wie viele Amerikaner, die ich hier als Eltern kennengelernt habe, ist er ein glühender Verfechter gesunden Essens – was in Anbetracht der Vielzahl übergewichtiger Amis verwundern mag –, der weder gesüßten Pudding zum Nachtisch noch Marmeladebrote zur Brotzeit billigte.

Da Essensdiskussionen immer sehr viel Raum einnehmen, verzupfe ich mich immer unauffällig, wenn Eltern sich mal wieder so richtig in Fahrt diskutiert haben. Beliebte Themen sind:

- vegetarisch oder nicht,
- öko oder nicht,
- Rosinen oder nicht,
- glutenfrei oder nicht,
- Marmelade- und Honigbrote oder nicht,
- H-Milch oder nicht,
- Müsliriegel oder nicht,
- laktosefrei oder nicht,
- Süßspeisen oder nicht,
- italienische Feinkost oder nicht,
- und so weiter.

Die Liste ließe sich beliebig fortsetzen. Als uns mal Lenzis gütige Bavariamutter Weißwürste, Händlmaiersenf und Brezn gebracht hat (die meine Kleinen in Rekordzeit wegputzten), gab es Diskussionen wie bei Stuttgart 21, mit fanatischen Befürwortern und ebenso leidenschaftlichen Gegnern.

Ich selbst habe bei der Essensauswahl für die Kinder nur sehr wenige Prinzipien. Motto: Gesund ist gut – Dogmatismus kontraproduktiv. Es gibt aber eine Reihe von Regeln, deren Einhaltung ich im ganzen Kindergarten sehr streng überwache und die ich auch Eltern empfehle:

1. Kinder müssen nicht aufessen.
2. Sie müssen kein Essen probieren, wenn sie es ablehnen.

3. Ich werde den Kindern kein Essen auf den Teller klatschen in der Hoffnung, es werde eines fernen Tages doch gegessen!

Letzteres wird von den Kindern als großes ästhetisches Ärgernis empfunden und kann dazu führen, dass ihnen das ganze Essen verleidet wird. Wie soll es möglich sein, eine schöne Kartoffel zu essen, wenn diese mit Spinat bekleckert ist?

Na eben. Gar nicht.

Essen ist kein Leidensweg. Essen ist Genuss. Die Vielfalt der Genüsse gilt es, sich erst langsam zu erarbeiten.

Wenn ich mit den Kinder zum Beispiel mal Rote-Bete-Suppe koche und sie mit der schönen roten Farbe einen Mordsspaß haben können und sich den roten Fruchtsaft auch noch ins Gesicht schmieren dürfen und kreischend als Vampire im Kindergarten herumlaufen – dann ist der Zeitpunkt für sie gekommen, dieses Teufelszeug auch mal oral einzunehmen, und dann schmeckt das auch.

Mein Mantra, dass alles seine Zeit der Entwicklung braucht (möge die repetitive Rezitation bitte, bitte, bitte irgendwann bei Eltern auch mal die versprochene Wirkung erzielen) und mein Argument, Schwabinger Kinder sterben, egal was sie essen, sehr selten an Skorbut, erreichen Milhouse nicht. Er möchte, dass seine Tochter ab sofort nur Gesundes ist. Da in unserem Fall die Mehrheit der Elterngruppe dafür ist, auch mal ein Honigbrot zur Brotzeit sowie süßen Nachtisch zu genehmigen, einige ich mich mit Milhouse, die süßen Brote bei Tisch ein bisschen weiter weg von I. I. zu stellen. Das hilft schon was, denn süße Brote sind in der Regel als Erstes verschwunden, weil die meisten Kinder verrückt danach sind. Natürlich ist I. I. diejenige, die am verrücktesten danach ist.

Eine Woche später winkt mich Jekatarina geheimnisvoll zur Seite. »Meine I. I. kommt in letzter Zeit immer so hungrig vom Kindergarten nach Hause. Ich weiß natürlich, was ihr beim letzten Elternabend diesbezüglich vereinbart habt. Und ich bin ja auch dafür, dass es hier nur Gesundes gibt, da bin ich wie alle Eltern. Aber ich habe das Gefühl, sie hat auch schon abgenommen und vielleicht – das müssen ja die anderen Kinder und schon gar nicht die Eltern mitbekommen – vielleicht könntest du ihr« – dabei öffnet sie eine Plastikbox, die eine Menge dick mit Erdnussbutter bestrichener und mit Bananen belegter Toasts mit abgeschnittenem Rand enthält – »ihr manchmal heimlich etwas zu essen geben? Diese Toasts mag sie so gern.«

Oh je, Jekatarina!

Ich lehne höflich ab und meine, sie solle das erst mal mit Milhouse und dann in der Elterngruppe besprechen. Sie verzichtet darauf, und ich halte Milhouse gegenüber auch die Klappe. Aber nachdem I. I. zu Hause vor Heißhunger nach Süßem sämtliche Globoli-Vorräte vertilgt hat (300 Globoli sind auch ein Nachtisch), ist Milhouse' Dogmatismus ungefähr so aufgeweicht wie ein Kräcker mit Frischkäse, und es geht alles wieder seinen normalen Gang.

Normal heißt so viel wie: Zoe nützt nicht selten die Gelegenheit, um bei Tisch in die Hose zu pinkeln. Schorschi bedient sich gerne an den Tellern seiner Nachbarn, wenn sein eigener leer ist, was immer zu heftigsten Protesten führt. Lucille liebt es, mit einer Hand unterm Tisch zu onanieren (zum Bedauern ihrer Mutter, einer erzkatholischen Polin). Lenzi isst mit den Fingern, sobald ich einmal wegschaue. Laetizia, deren Eltern Vegetarier sind (die aber nicht darauf bestehen, dass sich ihre Tochter im Kindergarten ebenfalls daran hält), vertilgt riesige Fleischportionen ohne Beilagen und klaut bei der Brotzeit regelmäßig die Wurstscheiben von den Broten. Jaron hat kaum Zeit zu essen, weil er so viel schauen und zuhören muss, und schüttet aus Versehen mindestens dreimal pro Mahlzeit seinen Trinkbecher um, was zu großem Spaß führt, weil dann alle immer auf die Bänke und Stühle klettern und »Überschwemmung, Überschwemmung« rufen. Und der kleine Hubertus versucht immer, sich von mir füttern zu lassen. Natürlich weiß ich, dass das falsch ist, lasse mich aber trotzdem viel zu oft von ihm breitschlagen. Er hat einfach immer die bessere Argumentation!

Art Brut

Es ist kurz vor Weihnachten. Die Gruppe steht wie eine Eins, die Kinder sind inzwischen sehr vertraut miteinander. Das Wetter haben wir alle satt. Es gibt kaum schönen Schnee, und wir bewegen uns im Garten ständig in einer graubraunen Matschlandschaft. Wenn ich die durchnässte Kleidung der Kinder zum Trocknen aufhänge, sieht es bei uns wie in einem sibirischen Strafgefangenenlager aus.

Aber je grauenhafter das Wetter draußen, umso kuscheliger und intimer sind die Zeiten in unseren Gruppenräumen. Dazu gibt es kleine Geheimnisse. Wer zum Beispiel hat denn plötzlich einen kleinen Schokoladennikolaus in meinem Hausschuh versteckt? Engelchen? Was wird wohl morgen im Adventskalender sein?

Richtig lustig sind in dieser Zeit die Basteleien mit den Kleinen. So schlägt der Plan, mittels Fingerabdruck und weißer Farbe wenigstens an den Fenstern die Illusion von Schneeflocken zu zaubern, herrlich fehl: Das Resultat ist eine durchgängige weiße Fläche! Denn wenn man mit der ganzen Hand schmieren kann, warum sollte man sich dann mit einem Finger begnügen? (Nur Tamaki beansprucht ein Fenster für sich, an dem die Schneeflocken geometrisch in Reih und Glied geordnet sind, und verjagt alle mit einem japanischen Wortschwall, die sich mit weißen Händchen nähern wollen.) Schneemänner sehen bestenfalls aus wie verkrüppelte Jetis, Sterne aus Goldfolie wie Molotowcocktails, und gebastelte Engel sind in ihrer Monstrosität selten als solche erkennbar. Nikolaus, Weihnachtsmann oder auch Väterchen Frost – je nach Religionszugehörigkeit der Kinder wählen die Kleinen einen passenden Titel für ihr Werk – wären ohne Bezeichnung wohl kaum einzuordnen. Ihr archaisches Aussehen erinnert in der Regel an Art Brut, jedenfalls sitzen Augen, Nase und Mund, sofern überhaupt vorhanden, meist nicht an den Stellen, die die Natur vorgesehen hat.

Ungeachtet dessen werden die Eltern in dieser Zeit inflationär beschenkt. Das geht so: Eltern bringen gesammelte Klopapierrollen, die sie sonst eh weggeschmissen hätten, und freuen sich, diese zu Bastelzwecken dem Kindergarten zu spenden. Nie war es schöner, unkomplizierter und preiswerter, ein gutes Werk zu tun und zeitgleich den Abfall zu entsorgen.

Kurz gedacht. Natürlich kommen die Klopapierrollen wieder zurück in den Haushalt, nur sind es jetzt Kunstwerke und dürfen keinesfalls entsorgt werden. Nachhaltigkeit, sag ich bloß.

Meine zauberhafte Lera findet – wenig verwunderlich – sofort Gefallen am Charakter des bayrischen Nikolaus (sogar in Form einer Klorolle). Das Prinzip der nahenden Bedrohung wertet sie als ziemlich effektive Methode der Erziehung.

Eines Morgens erwische ich sie dabei, wie sie mit

ein paar Kleinen, die ihr andachtsvoll und ehrfürchtig an den Lippen hängen, spricht: »Und dann, wenn ihrr werrdet euch noch immerr nicht alleine umziehen, Nikolaus wird …«

»Äh, Lerascha, hast du mal kurz Zeit?«, unterbreche ich sie.

»Nein, Anna, ich habe noch nicht Zeit. Wisst ihr, was Nikolaus machen wird, wenn ihrr werrdet so böse Kinder sein und nicht gehorrchen?«

(Kinder sind wie erstarrt.)

»Lera, ich möchte dich sprechen. Jetzt.«

»Gleich, ich habe noch nicht fertig, und dann wird Nikolaus nehmen einen grroßen Sack …«

(Kinder sind bleich wie der ersehnte Schnee.)

»Valerja Medchen, du kommst jetzt sofort mit mir ins Büro, und glaub mir, du bist fertig«, herrsche ich sie an. Anherrschen mache ich nicht gerne, ist aber in so einem Fall die einzige Methode, sich gegenüber meinem Täubchen zu behaupten.

Als der Nikolaus oder Santa Claus oder wer auch immer dann doch tatsächlich in den Kindergarten kommt, gibt's natürlich nur lobende Worte und statt eines großen Sackes zum Kinderverschleppen ein kleines Säckchen für jedes Kind mit Schokoladennikoläusen drin.

Waldemar verpasst beinahe den Auftritt, weil er im Garten nach den Rentieren sucht. Die Frage, wie denn Nikolaus überhaupt hier ohne seinen Schlitten angekommen ist, beschäftigt ihn und die Gruppe noch lange und dass ihn einige in Richtung U-Bahn verschwinden sehen, noch mehr.

Da wir die Kinder auch in das Thema caritatives Engagement einführen wollen, nehmen wir jedes Jahr an der Aktion »Weihnachtspäckchen für Kinder aus ärmeren Ländern« teil. Jedes Kind stellt mit Hilfe seiner Eltern ein Päckchen mit Kleidung, Zahnbürsten, Spielzeug und haltbaren Süßigkeiten wie Lutscher und Traubenzucker zusammen.

Alle diese Päckchen wurden von den Eltern liebevoll verschnürt und warten in unseren Gruppenräumen fein säuberlich aufgestapelt auf die Abholung. Wir haben uns gemeinsam in der Gruppe jeden Inhalt angesehen und diesen gewürdigt. In drei Tagen würde ein Lastwagen vom technischen Hilfswerk kommen und die Päckchen in Empfang nehmen.

Ich wähne alle Kinder im Garten, aber als ich kurz in meine Gruppenräume gehen muss, um etwas zu holen, trifft mich der Schlag. Fast alle Pakete sind aufgerissen und zerwühlt! Und hinter einem Regal versteckt sitzen Zoe und Jaron, die Bäckchen gefüllt inmitten leerer Zellophanhüllen, und sehen mich aus großen Augen erschrocken an.

»Was macht ihr denn da?«, frage ich entsetzt.

Jetzt sehen beide zu Boden. Statt zu antworten, kauen sie stumm weiter an den gemopsten Süßigkeiten, jedoch nicht mehr mit so viel Genuss.

»Was fällt euch denn ein, die ganzen Süßigkeiten zu klauen, das war doch für die Kinder gedacht, die sonst nie etwas Süßes bekommen?«

Nach kurzem Überlegen (die Frage »Was fällt euch ein?« wurde also durchaus ernst genommen) antwortet Jaron sehr ehrlich: »Wir wollten halt.«

»Ja«, stimmt Zoe zu, »das ist so lecker.«

Hier muss ich anmerken, dass Dreijährige erstens

Techniken wie Lügen und Sich-Herausreden in den seltensten Fällen beherrschen, zweitens die Bedürfnishierarchie noch ganz anders gewichtet ist: »Gutes Essen jetzt« steht vor »Mildtätigkeit später«.

Das ist nichts Böses, das ist so. Änderungen in dieser Hierarchie bedürfen der wiederholten Erklärung und Begründung (teilweise bis zu ungefähr 845 Mal).

Nach einem längeren Gespräch hoffe ich, dass ich mit den beiden einen Schritt in die richtige Richtung gemacht habe. Wir vereinbaren, dass die beiden kleinen Mundräuber etwas von ihrem Süßigkeitenvorrat zu Hause mitbringen und wir damit die Päckchen wieder auffüllen und neu verpacken.

Und dann kommt wie jedes Jahr der große emotionale Terroranschlag auf die Eltern: unsere Weihnachtsfeier im Kindergarten. Dazu bestehle ich erst mal meinen Mann. Ich bin glücklich, dass seine Garderobe von nicht zu überbietender Schlichtheit ist. Fünf graue Anzüge, ein Dutzend weiße Hemden, ein paar schwarze Pullis und ein Dutzend weiße T-Shirts. Aus. Da alles fein säuberlich geordnet in einem Schrank liegt, kostet mich der Klau nur einen Handgriff. (Vielleicht hätte ich sogar selber ein paar weiße T-Shirts. Aber in meinen Schränken finde ich kaum etwas und nehme in der Regel die Dinge, die oben liegen.)

Ich nehme also die riesigen weißen Männer-T-Shirts mit in den Kindergarten, ziehe sie meinen Kleinen an, verpasse ihnen ein paar Flügelchen aus Pappe und rote Bäckchen, und was haben wir? Genau, lebende Putten! Die letzten Wochen haben wir ein altes Weihnachtslied von 1819: »Still, still, still, weil's Kindlein schlafen will« eingeübt, und nun lasse ich für die gemeinsame Weihnachtsfeier meine Süßen im Puttenoutfit antreten und singen.

Tamaki darf am Anfang eine Triangel schlagen und zu den Eltern sagen: »Seid mal bitte alle ruhig« (irgendwie muss ich sie ja dazu bringen, mal etwas in deutscher Sprache zu sagen), und dann geht's los:

Still,still,still
Weil's Kindlein schlafen will.
Die Englein tun schön jubilieren,
Bei dem Kripplein musizieren.
Still, still, still,
Weil's Kindlein schlafen will.

Schlaf, schlaf, schlaf,
Mein liebes Kindlein schlaf!
Maria tut dich niedersingen
Und ihre keusche Brust darbringen.
Schlaf, schlaf, schlaf,
Mein liebes Kindlein schlaf!

Waldemar erliegt dem Auftrittsstress und flüchtet nach zwei Tönen weinend in die Arme seiner Mutter. Hubertus bohrt in der Nase. Jaron versucht ständig, Tamaki die Triangel abzunehmen, hat aber keine Chance. Sülo tut lediglich so, als sänge er mit, Zoe muss sich zum Singen an mein Bein klammern. Aber Lenzi, Schorschi und I.I. stehen als Rampensäue in erster Reihe, singen wirklich wie die Engel und reißen so die anderen mit. Natürlich haben die Eltern die hervorragende Gemeinschaftsleistung nicht erwartet, und ein paar sind wirklich zu Tränen gerührt, das nenne ich emotionalen Overkill!

Che Lucille

Kinga, Lucilles Mutter, bittet um ein Elterngespräch, denn sie hat das Gefühl, ihre Tochter liebt sie nicht. Blass und überarbeitet, aber wie immer perfekt gestylt wie viele Frauen aus dem Osten (heute in einem Bleistiftrock und einer weißen Bluse, die ihre Blässe noch betont), sitzt sie auf unserem Bürosofa. Ich bewundere sehr, wie sie ihr Leben als Alleinerziehende meistert. Wie erwähnt, studiert sie noch einmal Pädagogik, weil ihre polnischen Universitätsabschlüsse hier in Bayern nicht anerkannt wurden, und nebenbei putzt und kellnert sie, um sich und ihre Tochter über Wasser zu halten. Ich bin froh, dass sie den Kindergartenplatz nicht bezahlen muss (das übernimmt das Sozialamt), denn wie so oft zahlt der Erzeuger keinen Unterhalt.

Kinga ist überaus diszipliniert, und sie will außer dem Examen auch noch alles andere perfekt machen. Einmal habe ich sie beobachtet, wie sie mit einem Putzlappen bewaffnet den Flur entlangging und dabei die Wände abwischte. Auf die Frage, was sie da mache, erklärte sie mir, dass sie immer nebenbei ein Stück Wand putze, um den Weg in unsere Gruppenräume sinnvoll zu gestalten. Kinga liest jede unserer

E-Mails und alle Aushänge, ihr muss nie etwas zweimal gesagt werden. Lucille hat immer saubere und gebügelte Ersatzwäsche im Kindergarten. Wenn Kinga Brotzeitdienst (bei uns bringen die Eltern immer die Brotzeit eine Woche lang für die ganze Gruppe mit und haben danach wieder ein viertel Jahr Pause), werden die Kinder immer verwöhnt. Sie nimmt sich sogar Zeit, ab und zu mal am Morgen länger im Kindergarten zu bleiben und heiße Waffeln für alle zu machen. Woher sie diese Zeit nimmt, weiß ich nicht. Doch jetzt, da ich ihre Augenringe sehe, muss ich annehmen, sie spart an ihrem Schlaf.

»Warum denkst du, dass Lucille dich nicht liebt?«, frage ich.

Und Kinga erklärt mir unter Tränen, es gäbe fast jeden Tag Zoff zu Hause. Lucille wolle immer etwas anderes als sie, und vor zwei Tagen habe sie ihr an den Kopf geschmissen, dass sie gar nicht mehr ihr Kind sein und lieber eine andere Mutter haben will. Und außerdem kote sie regelmäßig zu Hause ein, obwohl sie doch eigentlich schon sauber sei.

»Ich komme gar nicht mehr mit dem Waschen nach und weiß eh gar nicht mehr, wie ich alles schaffen soll«, heult Kinga. »Ich habe gebettelt und geschimpft, dass sie doch auf die Toilette gehen soll, aber nichts hilft, es hilft nicht mal, wenn ich sie bestrafe.«

»Und worüber streitet ihr euch denn gewöhnlich?«, frage ich nach, denn ich erlebe Lucille im Kindergarten als sehr ausgeglichenes und beliebtes Kind, das wenig Konflikte hat.

»Ach, eigentlich das Übliche, sie räumt nie auf, und dann noch das ständige Onanieren, sogar beim

Essen. Und sie ist immer so schmutzig«, seufzt Kinga unter Tränen.

Als sie das sagt, rufe ich in Gedanken die tägliche morgendliche Situation ab, wenn Kinga ihre Lucille in den Kindergarten bringt. Das Mädchen sieht jeden Morgen genauso gestylt wie ihre Mutter aus. Allein die widerspenstigen Haare zu zwei allerliebsten glänzenden Schnecken am Kopf festzustecken, dürfte geraume Zeit in Anspruch nehmen. Lucille sieht immer aus wie frisch geduscht und gebürstet und hat zudem täglich frisch gewaschene, sehr mädchenhafte Kleidung an, die in Farbe und Material sorgfältig aufeinander abgestimmt sind, sodass sie jeden Morgen für ein Kindermodelabel posieren könnte. Und Kinga gibt Lucille täglich einen ganzen Katalog von Verhaltensregeln mit: Sei brav, iss gut, mach immer mit, vergiss nicht, die Hände gründlich mit Seife zu waschen, und so weiter.

Und was tut Lucille? Sobald ihre Mutter verschwunden ist, zieht sie ihre Klamotten aus und tauscht sie gegen eine Art grünen Kampfanzug, den sie mal in der Verkleidungskiste für sich entdeckt hat und seitdem täglich trägt. Im Kindergarten kennt sie eigentlich jeder nur in diesem grünen Anzug. Eine Kollegin meinte sogar einmal zu mir: »Das arme Kind hat ja wirklich nichts anderes anzuziehen als diesen Che-Guevara-Anzug.«

Ganz klar ein Fall von Rebellion, sogar mit Rebellenanzug!

Und seit Fritz Teufel dürfte auch dem Letzten klar sein, was für eine Botschaft sich hinter einer provokativen Darmentleerung verbirgt, und dass sexuelle Betätigung in Stresszeiten Linderung verheißt, kann jeder Promi oder Politiker bestätigen (Besenkammer oder Bunga Bunga).

Ich versuche Kinga schonend klarzumachen, dass Lucille einfach überfordert ist mit den an sie gestellten Erwartungen. Natürlich, sie feiert bald ihren vierten Geburtstag. Aber sie ist einfach noch zu klein, um perfekt aufzuräumen, sie ist zu klein, um ihre Sachen nicht schmutzig zu machen. Und wie alle Kinder will sie alles für ihre Mutter richtig machen, und wenn sie da nur scheitern kann, führt das natürlich zu Stress.

»Wenn du das Gefühl hast, deine Tochter liebt dich nicht mehr wegen eurer ständigen Streitereien, könnte es sein, dass Lucille dasselbe Gefühl hat?«

Schweigen.

»Hast du eine Idee, wie man eure Beziehung etwas weniger konfliktbeladen gestalten kann?«, frage ich vorsichtig nach.

Kinga studiert nicht umsonst Pädagogik (auch wenn man ja in der eigenen Familie immer etwas betriebsblind ist), also sagt sie: »Vielleicht sollte ich nicht immer an ihr herumnörgeln?«

»Jehjah, Kinga, das ist in meinen Augen eine hundertprozentig richtige Antwort!«, rufe ich innerlich aus.

Ich versuche noch, Kinga auf die Talente ihrer Tochter aufmerksam zu machen, und überlege, was ich ihr aus dem Kindergartenalltag erzählen kann.

»Lucille ist mutig, sagt immer ihre Meinung und spielt sehr gerne im Garten«, führe ich aus. »Mit Hubertus hat sie eine richtig enge Freundschaft, und wenn sie will, dass er mit ihr im Garten spielt, hilft sie ihm sogar, die Matschhose anzuziehen. Sie ist intelligent, sie ist hilfsbereit, sie teilt gerne mit anderen, sie ist beliebt, sie hat Freundschaften, und sie ist eines der Mädchen, die ausgesprochen gerne mit Jungs spielt. Du kannst sehr stolz auf deine Tochter sein.«

Kinga zieht einigermaßen beruhigt ab und nimmt sich vor, ihren Fokus mehr auf die positiven Eigenschaften ihrer Tochter zu legen. Über Lucilles weitere herausragende Eigenschaften werde ich ihr lieber bei anderer Gelegenheit erzählen, denn ich bin mir nicht sicher, ob diese Kinga zu Begeisterungsstürmen hinreißen würden. Lucille ist zum Beispiel die anerkannt beste Rülpserin in unserer Gruppe und kann dies auf Kommando, was allerweil mit frenetisch lauter Bewunderung honoriert wird. Als ihr Hubertus einmal zum Valentinstag ein Schokoladenherz (natürlich von den Eltern initiiert) mitbrachte, aß sie es wortlos unter seinem interessierten Blick, dann drehte sie sich zu ihm und rülpste ihm grinsend mitten ins Gesicht.

Selten habe ich ein so verklärtes und zufriedenes Lächeln auf seinem Gesichtchen gesehen. Lucille ist auch die Beste im Versteckenspielen. Sie kann in ihrem Tarnanzug stundenlang hinter einem Baum absolut still stehen, sodass selbst ich schon sehr viel Zeit damit verbracht habe, sie zu suchen. Eigentlich nicht nur ich, sondern das ganze Team, das ich schon öfter losgeschickt habe mit den panischen Worten: »Ich suche Lucille seit einer halben Stunde und kann sie nicht finden, bitte helft mir!« Irgendjemand findet sie immer in ihrem Camouflagedress mit einem Baum oder Strauch verwachsen und sich halbtot lachend, dass ein Dutzend Menschen den Garten ablaufen und »Lucille« rufen. Niemand kann dann natürlich ernsthaft böse sein. Und zu guter Letzt ist Lucille eine der besten Matscherinnen des Kindergartens. Sie scheut sich wirklich nicht vor Dreck. Nur bei warmem Wetter ist ihr der grüne Overall lästig, ihr bevorzugtes Styling ist dann nackt in Gummistiefeln. Sie gräbt als Polizistin Löcher in den Sand, um Räuber zu fangen, sie braut als Hexe Giftmatschsuppen, als Bauarbeiterin schafft sie ganze Ladungen Erde-Sand-Wasser-Gemisch mit dem Kinderschubkarren an die Baustellen und so weiter.

Ist es da ein Wunder, dass nicht nur Hubertus vollkommen in sie vernarrt ist?

Vier Monate später hat sie einen weiteren Fan. Es hätte mir eigentlich früher auffallen können. Kinga ist in letzter Zeit so gelöst, aber das habe ich dem verbesserten Verhältnis zu Lucille und ihren regelmäßigen Einsergebnissen an der Uni zugeschrieben. Doch es gibt noch andere Zeichen, die ich bisher übersehen habe. Kinga trägt ihr blondes Haar, das sonst immer zu einem Pferdeschwanz oder Knoten gebunden ist, nun öfter offen, sie lacht, wenn sie Lucille aus ihrem verdreckten Anzug herausschält und mit ihr zum Waschen ins Bad geht. Und neulich kam sie doch tatsächlich in einer Jeans in den Kindergarten und fragte, ob sie denn so etwas tragen könne. Ich habe ihr versichert, dass sie eine tolle Figur hat und in einer lässigen Jeans und mit offenem Haar wirklich wie eine junge Studentin aussieht (Kinga ist 28, kleidet sich aber normalerweise wie eine vierzigjährige Standesbeamtin, die gerade im Dienst ist).

»Weißt du, ich habe jetzt einen Freund«, gesteht

sie mir kurz darauf stolz, »der wird Lucille morgen mal abholen, damit ich in Ruhe lernen kann.«

Lucille freut sich schon sehr und erzählte allen, dass sie heute vom Bernd abgeholt wird – nicht nur ihren Freunden, sondern dem ganzen Team und allen Eltern, die sie trifft (und zwar mehrmals). Es besteht kein Zweifel, dass da jemand ihr Herz erobert hat.

»Weißt du schon, dass Kinga jetzt endlich einen Freund hat?«, werde ich von mindestens drei Kolleginnen gefragt.

»Du, die Kinga hat einen Freund, aber ich glaube, es ist noch nicht offiziell«, flüstert mir Johanna geheimnisvoll zu.

»Endlich einen Stecher für unser einsames Ostmädel«, kommt von Dauerstudent Oskar, dem Vater von Waldemar, »den muss ihr jemand auf den Schreibtisch gelegt haben, die kennt doch nix außer Lernen.« In letzterer Bemerkung schwingt wohl auch etwas Neid mit, denn von Kingas Noten kann Oskar nur träumen.

Alle Eltern trödeln beim Abholen extrem herum, natürlich will jeder einen Blick auf den Neuzugang unserer Gruppe werfen – und auch ein soziologischer Papa ist ein Papa, zumindest in der Großstadt. Nach Lucilles Begeisterung und ihrer Mutter wundersamer Verwandlung von der Gestrengen zur aufgeblühten Schönheit erwarten nun alle so etwas wie einen weißen Ritter auf weißem Pferd.

Und den bekommen sie geliefert.

Bernd, ein braungebrannter, fast zwei Meter großer Mann mit blondem, kurz gelocktem Haar, kommt ganz in Weiß!

Nach einer stürmischen Begrüßung durch Lucille

wendet er sich mir zu: »Du musst Anna sein, entschuldige, dass ich noch keine Zeit hatte, mich umzuziehen, ich bin einer von diesen ungeliebten Zahnärzten, aber ich hatte Angst, mich gleich beim ersten Mal Abholen zu verspäten. Kinga hat mir schon so einiges über eure Elterninitiative erzählt, ich bin ein passabler Handwerker, falls irgendetwas zu erledigen ist, sag's mir ruhig.«

Volltreffer! Damit hatte er gleich zwei Dinge klargestellt: Erstens, seine Beziehung zu Kinga war auf Zukunft ausgelegt und keine flüchtige Affäre; zweitens, er war nach diesem Begrüßungssatz auch mein weißer Ritter, denn ich hatte zwar dieses Jahr vielfältige Talente in meiner Gruppe, aber ein passabler Handwerker war gewiss nicht dabei.

»Servus, ich bin der Papa von Waldemar«, mischt Oskar sich ins Gespräch und zieht unbewusst seinen Bierbauch ein, nachdem er die sportliche Figur seines Gegenübers taxiert hat, »dann passt du ja zu uns, wir sind alle recht gute Handwerker, ich habe mit dem Siggi, dem Papa von der Fini, alleine diese verdammte Tür dort drüben gestrichen!«

Ritter Bernd sieht die Tür und dann leicht verwirrt mich an.

»Das war eine ziemlich raffinierte und durchtriebene Tür, die hat's ihnen nicht leicht gemacht hat«, erkläre ich lakonisch und ernte damit einen vernichtenden Blick von Oskar.

»Verstehe«, meint Bernd und lächelt zuerst mich und dann Oskar an, ehe er ihm die Hand reicht. »Du als erfahrener Vater wirst mir sicher noch jede Menge Tipps in Sachen Kindererziehung geben können, ich habe mein tolles Mädchen ja erst seit zwei Monaten.« Damit hebt er Lucille in seine luftigen Höhen, die bis über beide Ohren strahlt.

»Klar doch, du kannst jederzeit zu mir kommen« – nach dieser Bauchpinselei hat Oskar wieder Oberwasser – »ist nicht so einfach, wie man es sich vorstellt.«

Bernd hat mich angelogen. Er ist kein passabler Handwerker. Er ist ein begnadeter Handwerker, da bin ich mir mit Lucille einig. Bernd kann einfach alles. Eigentlich gar nicht so erstaunlich, denn wer mit einer kleinen Zange einen Zahn rausholen kann, der schafft es auch, mit einer großen Zange einen verrosteten Nagel zu entfernen. Und ein Mäuseloch in der Wand zu füllen und zu verputzen, ist auch nichts anderes, als eine Plombe anzulegen. Und das Schönste – Lucille darf ihm immer helfen, damit hat er mein Herz restlos gewonnen. Und wenn ihre Kleidung mit Zement verschmiert ist, gibt's auch kein Geschimpfe, sondern Bernd betrachtet sie dann mit (Sozio-)Vaterstolz. »Schau sie dir mal an, schaut sie nicht aus wie eine echte Handwerkerin! Und pass mal auf, was sie noch kann …« Und damit heben meine beiden Handwerker ihre Flaschen (Bier bei Bernd und Wasser bei Lucille), stoßen an, nehmen einen großen Schluck, wischen sich mit dem Handrücken über den Mund und rülpsen beide synchron. Sie wirken äußerst zufrieden dabei.

Doch Glückszustände sind zart, zerbrechlich und immer temporärer Natur. Oder wie sagt der Wiener so schön?: »Das Glück is a Vogerl …« In meinem Beruf verfolge ich zu viele Familienschicksale, als dass ich mir große Illusionen machten könnte, was die Dauerhaftigkeit intakter familiärer Verhältnisse betrifft. Che Lucilles könnte zum Beispiel folgendermaßen weitergehen:

Version 1: Bernd und Kinga heiraten, Lucille darf aus einem Körbchen Blumen streuen und nennt Bernd seit dieser Feier auch Papa. Noch ein Mädchen wird geboren, die Fleischwerdung ihrer Liebe lässt Bernds und Kingas Glück perfekt werden. Die finanziellen Verhältnisse von Bernd erlauben auch Entlastungen im Alltag, sodass Kinga mit Hilfe eines Babysitters, einer Putzfrau etc. ihr angestrebtes Prädikatsexamen natürlich mit Leichtigkeit schafft. Sie nimmt eine leitende Stelle in einem großen Wohlfahrtsverband an und arbeitet öfter mal locker 50 bis 60 Stunden in der Woche. Das Verhältnis von Lucille und ihrer Mutter ist weiterhin gespannt, Kinga genießt das Geld, das der Familie jetzt zur Verfügung steht, das Luxustäschchen ist im Fahrradständer immer so platziert, dass jeder das Logo sehen kann, und die Patek Philippe glitzert diamanten. Auch Lucille wird in Designerklamotten gesteckt und erntet regelmäßig Stress, wenn sie mit den neuen Kinderschuhen von Prada im Sand spielt. Da Kinga und Bernd sich kaum noch sehen, fängt die Ehe an zu kriseln, Kinga geht fremd, und auch ein zweites und drittes Kind können die Ehe nicht retten. Lucille kämpft mit schlechten Noten um die Aufmerksamkeit ihrer Eltern, wird in ein Internat gesteckt und landet schlussendlich mit Null-Bock-Haltung und Nasenpiercings bei einer Tante in Berlin.

Oder Version 2: Bernd verliebt sich ein Jahr nach der Hochzeit in seine junge Sprechstundenhilfe, die auch gleich mit Zwillingen schwanger wird; Kinga ist daher wieder alleinerziehend, und Lucille hat ihren neuen Papa verloren, da sich Kinga und Bernd ständig um die Besuchsrechte streiten. Oder Version 3: Bernd stellt nach ein paar Ehejahren fest: er ist eigentlich schwul und wird mit seinem neuen Freund Teilhaber in einem Bioladen.

Niemand sollte also die Momente des absolut perfekten Glücks, wie wir gerade einen bei Lucilles kleiner Familie in den Anfängen hoffnungsvoll erleben dürfen, als Kitsch abtun.

Und immer dran denken: »Das Glück is a Vogerl …«

First Cut is the Deepest

Wenn ich auf unserem riesigen Sofa vorlese, gibt's immer Streit, wer auf meinem Schoß sitzen darf, denn mehr als zwei Kinder haben da nun mal nicht Platz. Jeweils zwei kann ich links und rechts positionieren, das ist auch noch begehrt, und einige können auf der Rücken- und Seitenlehne sitzen. Natürlich wollen alle – außer Sülo, der nie Körperkontakt will, obwohl ich ihn beim Vorlesen des Öfteren explizit frage – immer unbedingt auf meinem Schoß sitzen. Ich habe das so geregelt, dass wir nach ein paar Bilderbuchseiten abwechseln, was dann immer mit mächtigen Diskussionen verbunden ist. Ein Buch vorzulesen, dauert deshalb bei uns seine Zeit, zumal das Gelesene ständig kommentiert und mit eigenen Erfahrungen angereichert wird. (Man nennt das interaktives Vorlesen, gilt als wertvolle Sprachförderung. Komischerweise können Kinder interaktives Vorlesen sofort, während Erzieherinnen das erst mühsam auf Fortbildungen lernen müssen.)

Wir arbeiten uns gerade durch ein Märchen, in dem geheiratet wird.

»Seine Eltern ko man net heiratn, sonst kriagt man kranke Kinder«, klärt Schorschi Fini auf, die ihren

Vater Siggi heiraten will, wenn sie groß ist, denn er macht ihr immer ihr Lieblingsessen, kauft ihr jeden Tag ein Croissant und liest ihr abends viel länger vor als die Mama.

Waldemar und Hubertus schauen irritiert, auch sie hatten eigentlich vor, ihre Mütter zu heiraten, aber ich bestätige Schorschis Feststellung, dass man seine eigenen Eltern und auch die Geschwister nicht heiraten kann. Große Ratlosigkeit macht sich auf ein paar Gesichtern breit.

»Wen wollt ihr denn gerne heiraten?«, frage ich sie. Die Antworten sind immer lustig und geben mir zugleich ein Soziogramm der Gruppe.

Zoe will überhaupt nicht heiraten und Sülo höchstens seinen Kumpel Lenzi.

»Männer dürfen nicht zusammen heiraten«, wirft Lucille lässig ein. »Ich will mit dem Bernd heiraten, aber der will schon mit der Mama heiraten. (Da schau her, das ging aber schnell mit den beiden, aber ich freue mich riesig für sie.)

»Männer können schon miteinander heiraten«, klärt Laetizia auf, »aber sie müssen dann die Kinder abortieren, weil ein Kind kommt ja nur bei einer Mama aus dem Bauch.«

»Han heihahen hih huhammen«, meint Lenzi, und er und Sülo umarmen und küssen sich vor Begeisterung. (Ich hoffe für Sülo, dass er seine Meinung in späteren Jahren noch mal revidiert, denn Männerhochzeiten erfreuen sich selbst bei aufgeklärten islamischen Familien keiner Beliebtheit.)

»Ich heirate dann den Schorschi«, erklärt I.I. strahlend und bestimmt, während sie ihm verliebt in die Augen schaut. Ich wundere mich, denn I.I. und

Schorschi spielen so gut wie nie miteinander. Schorschis Gesichtsausdruck wechselt abrupt. Gerade noch war er äußerst gut gelaunt, weil er Fini belehren konnte und weil er sehr gerne die anderen Kinder belehrt. Jetzt weicht alle Freude aus seinem Gesicht, und er lässt seine Schultern fallen. Er starrt I.I. an, und als sie ihm noch mal begeistert sagt, dass sie ihn heiraten wird, sieht er aus wie ein Verurteilter, der gerade seine Hoffnung auf eine gute Zukunft verloren hat.

»Wenn zwei Menschen heiraten wollen, müssen beide einverstanden sein.« Ich versuche, Schorschi die Angst vor dem Unausweichlichen zu nehmen.

»Aber ich heirate ihn auf alle Fälle«, kontert I.I., und das Absolutistische in ihrer Stimme veranlasst mich dazu, das Thema nicht weiter zu vertiefen.

Wir lesen das Buch ohne weitere Interaktion vor, weil alle ein bisschen Mitleid mit Schorschi haben, und das drückt auf die Stimmung.

Doch diese einseitige Liebesgeschichte ist nicht die einzige in unserem Kindergarten. Es gibt da einen ziemlich munteren sechsjährigen Rotschopf in der Gruppe neben uns, den Jonas. Jonas geht keinem Streit aus dem Weg, Jonas ist immer total durchgeschwitzt und hat fast immer einen knallroten Kopf vom Herumtoben. Jonas ist halt auch ein bisschen frech und legt sich schon mal mit den Erwachsenen an. Wenn irgendein Streich gespielt wurde, schreiben verschiedene Eltern das automatisch Jonas zu (übrigens auch an Tagen, an denen er gar nicht im Kindergarten ist). Alle Kinder im Kindergarten halten Jonas für das stärkste Kind, und der Jonas hat auch schon eine Bande, die er befehligt. Kurz: Jonas ist eine Respektsperson.

»Ist dir schon aufgefallen, dass deine Fini sehr oft bei mir in der Gruppe ist?«, meint meine Kollegin Janina zu mir.

Ich denke nach. Langsam erweitern die Kinder mit zunehmender Vertrautheit und Sicherheit ihren Aktionsradius (lediglich Hubertus und Zoe kleben noch an mir und unseren Räumen wie die Kletten), sodass ein Big-brother-is-watching-you-Überblick unmöglich ist. Dass Fini die Nachbarsgruppe besucht, ist mir noch nicht aufgefallen.

»Wirklich, die Fini geht schon zu den Großen in die Gruppe, ist ja ganz schön mutig von ihr. Was macht sie denn in deiner Gruppe?«

»Sie schaut den Jonas an.«

»Wie – sie schaut Jonas an – spielt sie mit ihm?

»Nein, sie sitzt nur immer in seiner Nähe und betrachtet ihn, ich denke, es ist Jonas langsam schon unangenehm, aber er sagt auch kein Wort zu ihr.«

Wir beschließen, die beiden weiter zu beobachten, und sind beide höchst gespannt, wie sich die Geschichte weiterentwickeln wird. Interessanterweise seilt Jonas sich tatsächlich ab und zu von seiner »Bande« ab, was sicher nicht einfach ist, und spielt friedlich mit Fini im Garten »Vater, Mutter, Kind«, wobei Hubertus meist dankbar die Rolle des Kindes annimmt. Diese Phase dauert aber nicht lange, und wir denken, das Kapitel Jonas und Fini sei erledigt.

Aber die Kraft der Liebe ist nicht zu unterschätzen.

Ein paar Wochen später spricht mich die Mutter von Jonas an: »Du, etwas Besseres wie die Fini hätte dem Jonas gar nicht passieren können, jetzt können auch mal andere Eltern sehen, wie lieb der Jonas eigentlich ist.«

»Wieso, die spielen doch schon lange nicht mehr zusammen?«

Von wegen. Es stellt sich heraus, dass Jonas und Fini sich zwar im Kindergarten weitgehend ignorieren, sich aber mindestens zweimal pro Woche auf beider ausdrücklichen Wunsch hin besuchen. Als ich Finis Mutter frage, bestätigt Vera mir, dass Jonas sogar schon bei ihnen übernachtet hat.

»Der Jonas ist so liebevoll und zärtlich zu der Fini, das müsstest du mal sehen, er hilft ihr, Puppenkleidchen anzuziehen, und macht sowieso immer alles, was die Fini will. Ich weiß gar nicht, warum alle Eltern so auf den Jonas schimpfen, das ist so ein goldiger Kerl. Jetzt hat der Siggi auch mal einen Feierabend, denn der ist auch abgeschrieben, wenn uns Jonas besucht.«

Sieh an, sieh an. Als ich Fini auf diese Besuche anspreche, ist ihr das sichtlich unangenehm, und auch meine Kollegin berichtet, dass Jonas kein Wort über die heimlichen Besuche verlauten lässt, nicht mal bei den besten Freunden. Nur einmal, als sie ihn alleine direkt auf die regelmäßigen Besuche bei Fini anspricht, bekommt er einen noch röteren Kopf als sonst.

Des Widerspenstigen Zähmung ...

Auch Lucille hat (neben Hubertus) einen Verehrer aus der benachbarten Gruppe, den kleinen Kai. Kai ist stets eines der ersten Kinder im Kindergarten. In jüngster Zeit sitzt er immer auf Lucilles Garderobenplatz und wartet, bis sie kommt. Das dauert gewöhnlich eine Stunde. Kai möchte bis dahin weder mit anderen Kindern spielen noch sonst irgendetwas machen, denn er will ihre Ankunft auf keinen Fall verpassen. Wenn sie dann kommt, lächelt er nur dämlich-glückselig und spricht kein Wort mit ihr. Lucille ist trotzdem klar, dass er mit ihr spielen will, was sie mit gelassener Gleichmütigkeit akzeptiert.

Da ihr Dauerfreund Hubertus dasselbe Anliegen hat, schaut das gemeinsame Spiel zur Zeit so aus: Beide Jungs dürfen wahlweise Lucilles Pferde oder Hunde sein, und Lucille führt sie an einer Leine herum und bestimmt, was sie machen sollen. Manchmal darf Kai auch der Papa sein und Hubertus das Kind, aber das gefällt dem Hubertus angesichts der drohenden Konkurrenz nicht mehr so gut wie früher.

Da Kai, genau wie Lucille vierjährig, seine Matschhose alleine anziehen kann, kommt es nun auch öfter vor, dass Lucille sich weigert, für Hubertus die Kammerzofe zu spielen und ihm beim Anziehen zu helfen, denn sie will ja möglichst schnell mit Kai in den Garten zum Spielen. Leider erweckt dies bei Hubertus keinerlei Ambitionen, sich ebenfalls mit dem Thema »Alleine anziehen« zu beschäftigen, im Gegenteil, er sucht sich dann gewöhnlich eine Praktikantin, um sich angemessen bekleiden zu lassen und sich dann in embryonaler Haltung auf ihrem Schoß einzurichten. Von dieser Warte aus beobachtet er dann misslaunig und beleidigt das Spiel von Lucille und Kai.

Einmal bringt Kai seiner Angebeteten ein Körbchen selbstgebackener Plätzchen mit. Er versteckt sie in Lucilles Schuhfach, weil er die freudige Überraschung in ihrem Gesicht genießen möchte. Sich selbst versteckt er liegend hinter der Tür und lässt das Schuhfach nicht aus den Augen.

Natürlich verspätet Lucille sich genau an diesem Tag. Kai wartete drei Stunden lang! Die Aufforderung seiner Erzieherin, jetzt endlich mal zur gemeinsamen Brotzeit an den Tisch zu kommen, quittiert er mit einem hysterischen Schreianfall. Es ist allen klar, dass da nix zu machen ist, bis Lucille ihr Werbungsgeschenk in Empfang nimmt.

Es ist bereits mittags, als sie kommt. Und alles geschieht, wie in kühnsten Träumen erdacht. Die Umworbene lächelt angenehm überrascht, als sie die Plätzchen sieht. Kai taumelt in einer Art Ekstase auf Lucille zu und flüstert ihr ins Ohr, dass er die Plätzchen mit seiner Mutter selbst gebacken hat. Und dann geschieht etwas, das die Liebe schlagartig erkalten lässt: Hubertus stellt sich ganz nah zu Lucille und fragt charmant lächelnd, ob er ein Plätzchen bekommt, und Lucille stimmt gutmütig zu. Sie kann erstens sehr gut teilen und macht sich zweitens nicht allzu viel aus Süßigkeiten. Kai protestiert und stammelt, dass er die Kekse nur für sie gebacken hat. Worauf Lucille mit den Schultern zuckt und behauptet, sie mag jetzt eh keine Kekse.

Und Hubertus? Der sieht Kai fest in die Augen und stopft sich mit einer Hand ein Plätzchen in den Mund, während er sich mit der anderen so viele schnappt, wie es seinen kleinen Händchen möglich ist. Provokativ kauend stellt er sich vor Kai auf und sieht ihn an. Kai starrt fassungslos zurück, macht dann auf dem Absatz kehrt und geht zu seiner Gruppe.

Kai schenkt seine Liebe fortan einem Jungen namens Lukas und wirft nur mehr gelegentlich einen kurzen, sehnsuchtsvollen Blick auf Lucille. Und Lucille hilft Hubertus wieder in gewohnter Manier in seine Matschhose, um einen Hund beziehungsweise einen passenden Spielkameraden für den Garten aus ihm zu machen.

Manchmal bedarf es also gar keiner Revierkämpfe, um ein holdes Weib zu erringen (eines Freundes Freund zu sein, ist ihm damit freilich nicht gelungen). Schon mit einer einfachen Tätigkeit wie Plätzchenessen lässt sich die Weltordnung wiederherstellen.

Pediculus humanus capitis

Es ist Winterzeit, und wie üblich beginnt unser Alltag in der Gruppe erst mal gemütlich mit Vorlesen auf dem Sofa. Vorher hat aber Lenzi großen Hunger, der mit einem Knäckebrot gestillt werden muss. Zielsicher holt er sich danach ein passendes Buch namens *Die kleine Raupe Nimmersatt* aus dem Regal, das er schon auswendig kennt und mitsprechen kann. Den Ruhm, mitzusprechen, also quasi lesen zu können, gönnen ihm natürlich die anderen Kinder nicht – Laetizia, Zoe und Fini wollen zu uns aufs Sofa. Je zwei Kinder sitzen jetzt links und rechts und schubsen und drängen sich die ganze Zeit, weil jeder das Gefühl hat, nicht genügend oder keinen guten Platz oder keine gute Sicht auf das Buch zu haben. Erstaunlicherweise will kein Kind auf meinen Schoß, um die Platzsituation zu entspannen. Dann kommt Sülo angeschlendert.

»Ich will Schoß«, sagt er.

Jetzt kreischten natürlich alle in Panik auf und wollen sofort auch auf meinem Schoß sitzen. Ich bin euphorisch, denn, wie bereits erwähnt, will Sülo nie Körperkontakt.

»Sülo darf beim Vorlesen auf den Schoß, denn er

hat es ja als Erster gesagt!«, bestimme ich deshalb. Alle anderen sind enttäuscht und empört, als ich mit vor Glück belegter Stimme hinzufüge: »Komm, Sülo, setz dich.«

Doch Sülo grinst nur, sagt »nein« und geht von dannen.

Der Gerechtigkeit halber muss ich nun alle vier Kinder irgendwie auf meinen Beinen platzieren, bis wir endlich weiterlesen können. Als ich die vier Kinderköpfe dicht gedrängt direkt vor meiner Nase habe, sehe ich sie: *die* Kopflaus. Mit unglaublicher Geschwindigkeit verschwindet das kleine graue Insekt aus Laetizias dünnem Braunhaar huschend in Finis undurchdringliche blonde Korkenzieherlockenpracht.

»Ähhm, geht ihr mal alle kurz von mir runter? Ich will mal eure Haare untersuchen.«

»Wieso?«

»Ich glaube, ich habe eine Laus gesehen.«

»Was ist eine Laus?«

»Ein kleines Insekt, das sich in eurem Haar sehr wohlfühlt, ihr könnt mir mal alle suchen helfen, denn wenn jemand Läuse hat, wird es irgendwann mächtig auf dem Kopf jucken.«

Die Suche hat mindestens so viel Sensationswert wie eine Fotosafari in Kenia. Alle wollen bei Fini und Laetizia fündig werden, und da im Jagdfieber auf den sorgfältigen Umgang mit dem Jagdgrund nicht allzu viel Wert gelegt wird (Lenzi etwa zieht Finis Locken beidhändig und kraftvoll in seine Richtung, um sich eine bessere Sicht zu verschaffen), haben sowohl Laetizia als auch Fini die Nase bald voll und wollen sich nicht mehr untersuchen lassen. Ich schärfe den beiden Mädels ein, nicht die Köpfe mit anderen Kindern zusammenzustecken, und rufe die Eltern an, um sie zu bitten, ihre Kinder abzuholen. Denn die Anweisung, die Köpfe nicht zusammenzustecken, wird natürlich nicht lang befolgt, schon bald ist sie während des Spiels vergessen.

Vera, Finis Mutter, würdigt mich keines Blickes, als sie ihr Kind abholt.

Auch Georg, Schriftsteller und Vater von Laetizia, sieht mich vorwurfsvoll an: »Du, ich war eigentlich gerade beim Arbeiten und habe eigentlich überhaupt keine Zeit, außerdem, was soll ich denn da machen?«

»Untersuche mal ihre Haare gründlich, und besorge dir ein handelsübliches Läusemittel für Kinder. Sie darf erst nach einer Behandlung wieder in den Kindergarten.«

»Du hast Nerven, wie stellst du dir das vor, ich habe wirklich zu arbeiten«, entgegnet er mir übellaunig, nimmt aber Laetizia mit.

Ich schreibe ein riesiges Plakat (Aushänge im Kindergarten müssen gigantische Dimensionen haben, sonst werden sie gerne übersehen) für alle Eltern, mit der Aufforderung, ihre Kinder in nächster Zeit regelmäßig zu untersuchen, und gebe eine Routinemeldung gemäß § 34 Abs. 6 Infektionsschutzgesetz beim Gesundheitsamt ab. Damit ist die Sache eigentlich erledigt, denke ich. Während meiner Berufsjahre konnte ich ja bereits einiges an Läuseerfahrung sammeln, daher weiß ich, dass man Läuse selten sieht, weil diese Biester richtig schnell sind. Den Nissenbefall dagegen kann man gut erkennen. Für den Läuselaien: Eine Nisse ist das Ei einer Laus, hat etwa die

Größe und Farbe einer Schuppe und wird von der liebenden Läusemutter so fest am Haar angeklebt, dass selbst eine Haarwäsche problemlos vom Nachwuchs überstanden wird. Auch die Läusemutter kann sich bei einer Haarwäsche gut am Haar festklammern, sodass häufiges Haarewaschen höchstens saubere und gut duftende Läuse hervorbringt. Und: Läuse haben nichts mit mangelnder Hygiene zu tun, auch wenn ihnen irgendwie und unausrottbar ein entsprechendes Image anhängt.

Abends zwinge ich meinen Mann, mich auf Läuse zu untersuchen, doch der ist von dieser Aufgabe nicht begeistert und schlägt mir herzlos vor, im Gästezimmer zu nächtigen.

»Wenn du mich genau untersuchst, wird das nicht nötig sein«, entgegne ich erbost über so viel eheliche Lieblosigkeit und drücke ihm den Nissenkamm entschlossen in die Hand, »und jetzt mach schnell, mich juckt es überall.«

Ein Nissenkamm (führt übrigens jede Apotheke, und wenn man an der Verkaufstheke nach einem verlangt, wird man sowohl vom Personal als auch von den umstehenden Menschen mit einem Blick, der zwischen Mitleid und Abscheu rangiert, bedacht) ist ein Kamm mit so eng angeordneten Zähnen, dass angeblich die Nissen damit herausgekämmt werden können. Es gibt sogar einen Nissenkammtestsieger, dass ist die Ausführung in Edelstahl.

»Nein, ist gar nicht lustig«, brummt mein Mann immer noch etwas angewidert, als ich ihm begeistert von diesem faszinierenden Einblick in die Warenwelt der Läusebekämpfung erzähle.

Durch mein dünnes Blondhaar gleitet der Kamm problemlos, auch wenn es manchmal etwas ziept, und ich bin in Gedanken bei der armen Fini mit ihren dicken Locken. Da wird's mehr als Ziepen. Nach einer Stunde sorgfältiger Untersuchung ohne Ergebnis muss ich dann auch nicht mehr ins Gästezimmerexil. Und ich nehme mir vor, von jetzt an täglich nach der morgendlichen Haarwäsche eine Essigspülung vorzunehmen, das helfe angeblich vor Ansteckung, da Läuse den Essiggeruch nicht mögen.

Am nächsten Morgen bekomme ich einen Anruf von Laetizias Mutter, man habe keine Läuse gefunden, aber da Erzieherinnen bei diesem Thema wohl zur Hysterie neigen, nähmen sie deshalb heute prophylaktisch eine Behandlung vor, auch damit sie später keine Schuld träfe, falls irgendwann mal tatsächlich Läuse im Kindergarten auftauchten.

Vera wartet schon in unserem Gruppenzimmer auf mich: »Ich habe die Fini gestern eine halbe Stunde untersucht, sie hat überhaupt keine Läuse, aber es ist ja klar, dass sie bei ihren Haaren als Erste in Verdacht gerät, außerdem hat sie geweint, als ich versucht habe, sie mit dem Nissenkamm zu kämmen. Das ist ja wohl bei ihren Haaren unmöglich!«

Mit diesen Worten sieht sie mich vorwurfsvoll blitzend an, als ob ich Schuld an der ganzen Misere hätte. Und zehn Minuten später höre ich, wie sie in der Garderobe alle Eltern darüber informiert, dass ich Fini völlig unberechtigt »verdächtigt« hätte, Läuse zu haben!

Mir zieht sich der Magen zusammen. Vokabeln wie »Schuld« und »Verdacht« gefallen mir ganz und gar nicht, da scheint sich eine typische Vereinsklatscherei zusammenzubrauen. Auch Fini ist sehr betrübt. Sie spürt, dass anscheinend irgendwas mit ihr nicht in Ordnung ist.

»Läuse sind ganz schlimm, oder?«, fragt sie mich und sieht mich mit ihren Rehaugen zweifelnd an.

»Quatsch, Fini. Läuse sind gar nicht schlimm, sie wollen auch nur das Beste für ihre Kinder, und deshalb legen sie ihre Eier, die Nissen, an den Haaren ab, damit es die Kleinen schön warm haben und später auch gleich ein bisschen Blut von deinem Kopf trinken können. Aber das ist auch nicht schlimm, es juckt nur ein bisschen. Willst du mal sehen, wie eine Laus aussieht?«

Das finden alle Kinder eine fulminante Idee, und wir gehen an den Bürocomputer. Wikipedia spuckt eine Menge Seiten zu diesem Thema aus. Aha, da haben wir es also: »In Mittel- und Nordeuropa liegt die Häufigkeit von Kopflausbefall bei 22 Prozent, in Entwicklungsländern dagegen bei bis zu 60 Prozent. In einem städtischen Elendsquartier in Brasilien haben 80 Prozent aller Mädchen Kopfläuse.« Im Elendsquartier München Schwabing wird's schon nicht so schlimm werden, denke ich mir, lese aber den Kindern nur die für sie interessanten Fakten vor, zum Beispiel dass es Kopfläuse schon vor 10000 Jahren gab, dass auch Affen ähnliche Läuse haben und ägyptische Mumien Nissenkämme als Grabbeigabe in ihren Pyramiden hatten.

»I hob fei a Buch über Pyramidn, da steht des aber ned drin, mit de Nissnkamm«, bemerkt Schorschi, der sich aber von dieser Information durchaus beeindruckt zeigt, »in de Pyramidn is eigentlich imma a

Goldschatz und des a bloß, wenn na koane Räuber ned gnumma ham.«

»Na ja, nicht in jedem Buch steht alles«, entgegne ich, »und vielleicht waren die Nissenkämme der Pharaonen früher auch aus Gold.« Ha, ein Nissenkamm aus Gold! Wäre das heutzutage der Nissenkammtestsieger?

Das mit dem ägyptischen Kamm kann Schorschi grad noch glauben, aber ab jetzt wird's schwierig: »Kopfläuse machen nur eine inkomplette Metamorphose durch (Hemimetabolie). Das heißt, aus dem Ei geschlüpfte Nymphen sehen bereits wie adulte Läuse aus, sind aber deutlich kleiner. Frisch geschlüpfte Nymphen sind ein bis zwei Millimeter, erwachsene Läuse circa drei Millimeter lang. Nach etwa neun bis zwölf Tagen ist eine Kopflaus geschlechtsreif. Erst dann versucht sie auf den Kopf einer anderen Person zu gelangen. Weibliche Kopfläuse können mittels Parthenogenese, also ohne Befruchtung durch ein Männchen, voll entwicklungsfähige Eier legen.«

Alle starren mich verständnislos an, und ich kürze und übersetze: »Eine Läusemama braucht keinen Papa, um Kinder zu bekommen, und die Läusekinder wollen bei der Mama bleiben, solange sie klein sind, und man nennt sie Nymphen.«

»Schaun die aus wie schöne Frauen?«, fragt mich Schorschi skeptisch, wobei er »schöne Frauen« besonders andächtig und hochdeutsch ausspricht.

»Arielle ist auch eine Meerjungfrau und eine Nymphe«, stellt I. I. fest.

»Bei uns hängt ein Bild von Nymphen, die sind aber im Wasser und nicht auf dem Kopf, und die sind ganz groß und haben gar keinen Platz auf dem Kopf«, ergänzt Waldemar.

»Ich will keine großen Nymphen auf dem Kopf«, tönt es in weinerlicher Vorpanikstufe bei Jaron.

Ich beruhige ihn, dass es sich nur um denselben Namen handelt und Läusenymphen ganz winzig sind. Ich finde bei Wikipedia auch ein Vergleichsfoto: Laus neben Streichholzkopf.

»Auf alle Fälle ist das keine Nymphe«, meint I. I. ungeachtet des Fotos verächtlich und verliert ob der Unglaubwürdigkeit meiner Ausführungen das Interesse.

»Des iss a koane«, stimmt ihr Schorschi zu, und die beiden verlassen empört/beleidigt das Büro.

Falls eine neue Information so gar nicht in das bisherige Weltbild passt, wird sie gerne verdrängt oder als Nonsens abgetan – ein Verhalten, das bei Kindern wie bei der katholischen Kirche häufig anzutreffen ist.

Ich kann mich an einen solchen Vorfall aus meiner eigenen Kindheit entsinnen. Ich war in der ersten Klasse und bestrebt, den Titel meiner damaligen Lieblingsfernsehserie schreiben zu können, und bat meinen großen Bruder, selbigen für mich vorzuschreiben: *Bezaubernde Jeannie*. Und ich war so was von erbost, als ich es las. Ich diskutierte lange mit meinem Bruder, er solle mir gefälligst endlich die richtige Schreibweise zeigen, und unsere Auseinandersetzung endete damit, dass ich schließlich unverdrossen *Bezaubernde Tschini* schrieb und einen ganzen Tag lang nicht mehr mit meinem Bruder redete. (Die katholische Kirche war auch immer erbost, die schwieg aber nicht, sondern hat dann immer gezündelt oder ertränkt.)

Nachdem jedenfalls die intellektuelle Elite unserer Gruppe meine Kompetenz bezüglich Nymphen angezweifelt hat, verlieren die anderen Kinder auch das Interesse am Computer und an Läusen überhaupt und trollen sich wieder zum Spielen.

Als ich am nächsten Tag mit der U-Bahn zur Arbeit fahre, unterhalten sich zwei Fahrgäste darüber, ob wohl ein neues Reinigungsmittel in der U-Bahn benützt werde. Auch als ich in den Bus umsteige, werde ich Zeuge einer Diskussion, dass es plötzlich so stinke und dass möglicherweise durch den Ventilator ein Desinfektionsmittel in der Luft verteilt werde. Als eine ältere Frau meint, es rieche so nach Essig, senke ich den Kopf. Bin ich mit meinen Essigspülungen zu großzügig umgegangen? Im Gegensatz zu meiner Familie, die sich schon daran gewöhnt hat, dass die ganze Wohnung nach Essig riecht, scheinen die MVV-Nutzer in diesem Punkt etwas zimperlich zu sein.

Im Kindergarten erwartet mich die Nachricht, dass ausgerechnet Jaron die Nymphen, Nissen oder Läuse am Kopf hat und deshalb zu Hause bleibt. Sülo präsentiert sich mir stolz mit fast kahl geschorenem Kopf, und Gökhan erklärt mir glücklich, dass er durch die Läusegeschichte endlich einen Grund gegenüber seiner Frau hatte, Sülo diese mädchenhaften Löckchen abzuschneiden.

»Jetzt sieht er aus wie ein richtiger Junge«, sagt er, wobei er und Sülo sich in Straßen-Gang-Manier die Hände abklatschen.

Sülo strahlt. Ich sehe Gökhan giftig an. Sülo hatte gestern noch zauberhafte dunkelbraune, schulterlange Löckchen, die sein Gesicht äußerst vorteilhaft umrahmten, und ich bin eigentlich eher auf der Seite seiner Mutter, dass man diese Lieblichkeit auf keinen Fall durch einen unbedachten Haarschnitt zerstören sollte.

»Gül weiß es noch gar nicht, wir waren jetzt schnell vor dem Kindergarten beim Friseur«, berichtet Gökhan eifrig weiter, und dabei bekamen seine braunen Augen einen ungeheuer feuchten, einschmeichelnden Omar-Sharif-Antonio-Banderas-Javier-Bardem-Glanz. »Könntest du ihr bitte sagen, dass es deine Empfehlung war, die Haare wegen der Läuse abzuschneiden? Gül hält doch so große Stücke auf dich!«

»Na, bravo, du hast ihm wirklich die Haare geschoren, ohne Gül zu fragen? Auf gar keinen Fall war das meine Empfehlung!«

»Ich kann meinem Sohn die Haare schneiden, wann ich will!« Das klang jetzt schon eher kleinlaut und trotzig-unsicher.

Da ich Gül ja schon eine Weile kannte, wusste ich, dass er vollkommen zu Recht unsicher war, aber diese Suppe musste er alleine auslöffeln. Ich beuge mich zu dem noch immer strahlenden Sülo hinunter, streiche ihm über den stacheligen Kopf und zwinge mich zu einem Kompliment, das wenigstens nicht gelogen ist: »Das fühlt sich an wie ein kleiner Igel, komm, wir präsentieren das mal den anderen Kindern.«

Gökhan lasse ich an der Garderobe stehen und hoffe, dass ihm Gül gehörig die Leviten lesen wird.

Tags drauf meldet auch Jekatarina, sie habe Nissen bei ihrer Tochter gefunden, und sie lasse sie deshalb zu Hause. Einen Tag später erreicht mich dieselbe Nachricht von Hubertus Eltern. Zoes Mutter ruft mich ebenfalls an und teilt mir mit, ihre Tochter habe Nissen, und außerdem hätte sie sich von Zoes Vater getrennt, er sei bereits seit einer Woche ausgezogen. Tatsächlich erzählte Zoe in letzter Zeit öfter, dass der Papa immer im Wohnzimmer schlafe. Auch bei Tamaki werden Läuse gefunden, und Yüjin behauptet, dass es in Japan schon lange keine Läuse mehr gebe, und sie sei sehr erstaunt, dass man in Deutschland noch mit dem Ungeziefer zu tun habe. Als auch noch Lenzi zum Läusefall wird und man in zwei benachbarten Gruppen ebenfalls über Läuse berichtet, vereinbaren die Eltern ein gemeinsames Treffen, um eine Kampfstrategie gegen die Invasion zu entwickeln:

»Also, ich werde dem Lenzi ab jetzt Teebaum-Öl in die Haare geben, das hält die Läuse in Zukunft garantiert fern, aber Ylang-Ylang-Öl oder Zedernöl helfen genauso.« (Caro, Heilpraktikerin und Lenzimutter)

»Genau, man muss seine Kinder nicht immer mit den herkömmlichen Mitteln behandeln, die enthalten nämlich Nervengift.« (Lars, Lenzipapa)

»Wenn alle ihre Kinder gründlich untersucht hätten, wären wir jetzt gar nicht an diesem Punkt, ich untersuche Lucille jedenfalls täglich!« (Kinga, mit vorwurfsvollem Blick auf Finis und Laetizias Eltern)

»Dass diese Anschuldigung aufkommt, war ja klar, deshalb haben wir Laetizia behandelt, obwohl sie gar keine Läuse hatte.« (Laetiziamama)

»Und sie zu Hause gelassen, obwohl wir wahrlich keine Zeit hatten.« (Ergänzung von Laetiziapapa)

»Streitereien bringa uns jetzt a ned waida, i schlog

vor, dass ab jetzt im Kindergartn täglich in da Fruah a no vom Personal untersuacht wird und dass de Kinder mit Leis glei hoam miassen. Außerdem wollt i gestern an Nissnkamm kaufa und war in drei Apotheken, oba überoll in Schwabing sans ausverkauft.« (Andi, Schorschipapa)

»Wir müssen auf Hygiene achten. Wir sollten alle Kissen, Decken, Kuscheltiere und Verkleidungssachen entweder über 60 Grad waschen oder ein paar Wochen einfrieren. Das tötet die Läuse und die Nissen. Und zu Hause müsst ihr das natürlich auch machen und auch die Matratzen absaugen. Ich habe mal recherchiert und die sinnvollen Maßnahmen hier zusammengeschrieben, auch einige Läusemittel mit einer Beschreibung von Vor- und Nachteilen. Wenn wir uns alle an diese Maßnahmen halten, dann haben wir die Situation bald im Griff.« (Alexandra, Laetiziamama, ein fünfseitiges Skript verteilend)

»Das Einzige, das hilft, ist Haare scheren, unser ältester Sohn hatte noch nie Läuse, obwohl wir in der Schule ständig Läuse haben. Ich habe so einen Bartschneider, und das geht ruck zuck.« (Dietrich, der Vater von Hubertus, getroffen von einem dankbaren Blick und einem enthusiastischem Zunicken von Gökhan und einer Reihe vernichtender Blicke aller Mütter von Mädchen mit langem Haar und Güls. Nein, stopp. Güls messerscharf-eisiger Todesblick gilt Gökhan.)

»Die Läuse wurden aber wahrscheinlich trotzdem von Kindern mit Geschwistern in die Schule eingeschleppt.« (Siggi, Finipapa)

Drei Stunden später haben die Eltern das so genannte Läusemaßnahmenpaket fertig geschnürt:

- Der Hygieneplan von Alexandra sollte umgesetzt werden.
- Alle Eltern sollten ihre Kinder täglich untersuchen und Läusefälle melden.
- Mein Team und ich sollten zusätzlich wöchentlich alle Kinder untersuchen, Kinder mit Befall müssen sofort abgeholt werden.
- Kinder mit Läusen sollten acht Tage zu Hause bleiben, da die meisten Mittel einen zweistufigen Behandlungsplan haben, der so lange dauert.
- Alexandra organisiert einen Putz- und Waschdienst in der Gruppe.

Den Vorschlag, ich sollte die Kinder täglich eine halbe Stunde lang unter eine sehr heiß eingestellte Trockenhaube setzen, weil das auch die Nissen tötet (finden alle Eltern eine brillante Idee), lehne ich ab.

Wie stellen die sich das denn vor, eine halbe Stunde! Während alle anderen spielen dürfen? Geht's noch!, denke ich.

Und laut gebe ich zu bedenken: »In der vertrauten Umgebung zu Hause wird es den Kindern sicher leichter fallen, so lange sitzen zu bleiben.«

Als ich die Kinder ein paar Tage später frage, wer denn zu Hause unter einer Trockenhaube säße, war das natürlich niemand.

Die letzte Trockenhaube dürfte wohl 1976 von einer Hausfrau, die auch einen Vorwerkstaubsauger an der Tür kaufte, benützt worden sein.

Ich habe inzwischen auch Läuse, trotz der verschwenderischen Essigspülungen, soll aber auf Wunsch der Eltern nicht so lange zu Hause bleiben, weil ja sonst die Kinder nicht betreut würden, sondern eine Mütze tragen. Ich entscheide mich für ein Tuch, das fällt auch nicht weiter auf, weil wir gerade eine Menge muslimischer Praktikantinnen haben.

Als wir bei der wöchentlichen Untersuchung an den Kindern ausgerechnet bei Lucille, der Tochter von Hochleisterin Kinga, eine Nisse finden, steht sie zehn Minuten später an der Tür und verlangt, die gefundene Nisse zu sehen. Hatten wir aber längst abgezupft, was sie zu der Bemerkung veranlasst, sie hätte die angebliche Nisse aber schon gerne gesehen, denn sie untersuche Lucille schließlich jeden Tag gründlich. Und Alleinerziehende hätten ja sonst nichts zu tun, als mit dem Kind zu Hause zu hocken! Ich will sie darauf hinweisen, dass sie ja inzwischen keine Alleinerziehende mehr ist, aber sie hastet mit Lucille bereits hinaus. Kurz vor der Tür dreht sie sich noch mal um und schleudert mir entgegen:

»Und übrigens, die St. Martinslaternen, die ihr mit den Kindern gebastelt habt, sind hässlich!«

Und damit lässt sie die Tür krachend ins Schloss fallen. Lerascha und ich sehen einander nur an.

Um Finis Haarpracht zu untersuchen, hat Lerascha einiges zu tun. Strähne um Strähne wird inspiziert, und es sind eine Menge Strähnen. Nach einer Stunde wird sie fündig. An einer Stelle zeigt sie mir eine Ansammlung von Nissen, die wie Perlenschnüre aufgereiht an den Haaren kleben.

»Schneid ein Haar mit Nissen ab, und kleb's mit

Tesafilm auf ein Papier, damit wir diesmal ein Corpus Delicti haben«, wies ich sie an.

Für die Kinder ist das natürlich ein Hit. Ich hole ein Vergrößerungsglas, und alle wollen die Nissen genau anschauen. Weil das so toll ist, wollen die Kinder auch den Kindern aus den anderen Gruppen »ihre Nissen« zeigen, und es gibt einen Triumphzug durch das Haus, angeführt von Fini, die das Papier ebenso leidenschaftlich schwingt wie die Marianne ihre Trikolore auf der Bastille. Und auch sie wird von einer frenetischen, grölenden Menge begleitet.

Nur Vera ist nicht ganz so begeistert, als sie ihre Tochter abholt.

»Wegen dir muss ich mein Seminar sausen lassen«, faucht sie meine arme Praktikantin an.

Am nächsten Tag bringt sie Fini wieder in den Kindergarten und präsentiert mir ein Attest von Finis Hausarzt, das besagt, Fini sei läusefrei. Da ich mich nicht vor Finis Augen mit ihrer Mutter streiten will, bitte ich sie ins Büro, das freilich schon von anderen Läusedebattierern besetzt ist, aber besser ein paar Erwachsene als Zuhörer als die eh schon verunsicherten Kleinen.

»Du, ich bezweifle, dass dein Arzt sich eine ganze Stunde zur Untersuchung Zeit genommen hat, so lange hat es nämlich bei uns gedauert, bis die Nissen gefunden waren. Das ist jetzt schon das zweite Mal, und ich möchte, dass du Fini erst behandelst, ehe du sie in den Kindergarten schickst!«

Da jetzt einige Elternaugen auf Vera gerichtet sind, verzichtet sie auf lange Diskussionen und sagt beim Hinausgehen nur, dass sich die Erzieherinnen hier wohl mehr Kompetenz als Ärzte anmaßen.

Als bei Waldemar Nissen gefunden werden, höre ich von seinem Vater den Kommentar:

»Kinga hat mir schon erzählt, dass du es auf uns Alleinerziehende abgesehen hast.«

»Mensch, Oskar, du bist auch nicht alleinerziehend, erinnere dich, du hast eine Frau!«

»Aber faktisch bin ich alleinerziehend, meine Frau arbeitet ja immer, es bleibt alles an mir hängen!« (Wohl wahr, seine Frau arbeitete als Lehrerin und finanzierte ihm bereits siebzehn Semester lang das Philosophiestudium, das er zwecks Feldforschung gerne im Cafe bei einem Bierchen betreibt.)

Inzwischen haben alle Gruppen im Kindergarten mehr oder weniger heftigen Läusebefall, und es macht sich eine gewisse Hysterie im Hause breit. Zudem stehen überall Müllsäcke im Gang mit dem Hinweis »Bitte heiß waschen!«. Alexandra hat ihren Maßnahmenkatalog auch anderen verzweifelten Elterngruppen überlassen. Immer mehr Jungs laufen mit Stoppelhaar herum, und die Mädchen sehen mit ihren Kopfbedeckungen aus wie aus einem anatolischen Dorf. Überhaupt wirkt der Kindergarten mit den gebrauchten Möbeln, den zahlreichen blauen Wäschemülltüten, die überall die Gänge versperren, und den Kopftüchern und Wollmützen auf aller Kinder Köpfe wie ein Flüchtlingslager. Dazu kommen die Mienen der Erwachsenen, als sei statt einer harmlosen Läuseplage die Cholera ausgebrochen.

Schließlich beruft der Vorstand eine außerordentliche Mitgliedervollversammlung ein. Normalerweise findet diese Vollversammlung nur ein- oder zweimal im Jahr statt und wird eher spärlich besucht, aber an diesem Abend füllt sich die Turnhalle zunehmend.

Der Vater von Zoe, den ich seit der Trennung von Mizzi nicht mehr gesehen habe, kommt doch tatsächlich mit einer neuen Freundin an. Sie ist die einige Jahre jüngere Ausgabe von Mizzi und aufstrebende Schauspielerin. Letztere Information raunte mir Zoes Vater mit einem »Sieht sie nicht toll aus?« im Vorbeigehen zu.

Etwa achtzig Eltern drängen sich bereits in unserer Turnhalle, da öffnet sich die Tür, und Gine erscheint in einer blauen Latzhose und Gummistiefeln. Gine ist Veterinärin und leitet ein städtisches Gut in der Nähe von München. Sie ist Lesbe und hat mit ihrer Lebensgefährtin ein Mädchen in der Nachbarsgruppe. Und sie ist die einzige Erwachsene, die zugegeben hat, Läuse zu haben!

»Entschuldigt, dass ich zu spät komme, aber bei uns hat eine Kuh gekalbt«, sagt sie und stellt sich in die Mitte des Saals. »Und ich möchte gleich etwas sagen, darf ich?«

Das Staunen, das eine kalbende Kuh und eine blaue Latzhose bei urbanen Eltern verbreitet, verschaffte Gine eine Art exotischer Autorität. Und sie spricht genau das an, was ich das »Wunder von Schwabing« nenne:

»Gestern habe ich erfahren, dass ich von 140 Erwachsenen die einzige Erwachsene bin, die Läuse hatte! Aus unerfindlichen Gründen sind also alle Eltern gefeit. Das gibt's doch gar nicht! Kuschelt ihr nicht mit euren Kindern? Oder gebt ihr nur nicht zu, dass ihr auch Läuse habt? Die Verbreitung im Kindergarten hat wahrscheinlich damit zu tun, dass ihr zwar eure Kinder ständig mit Gift behandelt, aber selber Überträger seid! Und außerdem ist der

Maßnahmenkatalog, der hier im Haus rumgeht, vollkommen übertriebener Quatsch. Es gibt neue Untersuchungen, die besagen, dass die Ansteckung so gut wie nie über Kissen, Decken und so weiter passiert, sondern nur von Kopf zu Kopf, so wie zum Beispiel da drüben ...« – und damit zeigte sie auf Zoes Vater, der gerade eng mit seiner neuen Freundin tuschelte.

Letztere blickte bei Gines Worten erschrocken auf, blickte dann immer noch erschrocken auf das Haar ihres Liebsten und rückte dann immer noch erschrocken einige Zentimeter ab. Als der Liebste daraufhin ihre Hand halten wollte, entzog sie ihm diese mit sanfter Entschlossenheit.

»Ich schlage vor, dass wir uns die ganzen Wasch- und Putzaktionen sparen, das bringt nicht viel außer einer Menge Stress, und dass ihr stattdessen mal auf eure eigenen Köpfe schaut«, endete Gine ihre Rede und setzte sich, die beblauten Gummistiefelbeine übereinander schlagend, zufrieden in die Runde.

Schweigen.

»Und ich will auch nicht mehr angeschrien werden, nur weil ich muss Läuseuntersuchungen für faule Eltern machen«, meldet Lerascha sich in die Stille.

Die ganze Geschichte endet damit, dass die Betreuer keine Läuse mehr suchen, damit die Beziehung zu den Eltern nicht belastet wird, stattdessen wird ein wöchentlicher Läusesuchdienst durch Eltern in den Gruppen organisiert. Das Waschen und Putzen wurde eingestellt. Die Kinder dürfen nach der ersten Behandlung sofort wieder in den Kindergarten, und es wird eine Babysitterbörse installiert, damit sich betroffene Eltern gegenseitig entlasten können.

Damit ist der Stress erst mal weg.

Und einige Wochen später ist auch Schluss mit dieser lausigen Geschichte. (Übrigens bringen regelmäßige Essigspülungen zwar keine Freundschaften in öffentlichen Verkehrsmitteln, aber dafür einen wunderschönen Glanz in die Haare.)

Es gibt Eis, Baby

Inzwischen haben die meisten Kinder ihren vierten Geburtstag im Kindergarten gefeiert, und Lenzi hat fast aufgehört zu hauen, das heißt, er haut nur noch gelegentlich Kinder aus anderen Gruppen. Das liegt daran, dass wir ihn jetzt alle gut verstehen. Einerseits haben wir uns in seine Sprache eingehört, andererseits hat er seiner Sprache ein paar Konsonanten hinzugefügt, und das hört sich schon weitaus verständlicher an. Sein aktueller Lieblingssong, mit dem er gerne auf Tour in andere Gruppen geht (und ich brauch wohl nicht zu erwähnen, dass alle Erzieherinnen wie hirnlose verzückte Groupies auf seine Performance reagieren) lautet ungefähr so:

Pauhinchen wah allein hu Haus,
Die Ehen wahen beide aus.
Ahs hie nun duhch das Himmeh spang
Mih heichem Mud und Sing und Sang,
Da sah sie pöttfich voh sich stehn
Ein Feuhefeug, nett anhuhehn.
»Ei«, spach sie, »ei, wie höhn und hein!
Das muss ein teffhich Spielfeug sein.
Ich fünde mir ein Höhfchen an,
Wie's ohd die Muher had gehan.«

Und Minhs und Maunhs, die Hahssen,
Eheben ihe Hahssen.
Sie dohen mih den Hohten:
»Deh Vahe hat's vehbohen!
Miau! Mio! Miau! Mio!
Haß stehn! Sonst bennst du hicherhoh!«

Pauhinchen höht die Hahssen nich!
Das Höhfchen hennt gah hell und hich,
Das fackert hustig, kniheht laud,
Ghad wie ih's auf dem Bihde schaud.
Pauhinchen ahe heut sich sehh
Und spang im Fimmer hin und heh.

Doch Minhs und Maunhs, die Hahssen,
Eheben ihe Hahssen.
Sie dohen mi hen Hohten:
»Die Muher hah's vehbohen!
Miau! Mio! Miau! Mio!
Fieh's weg! Sonst bennst du hicherhoh!«

Wem als Kind der Struwwelpeter vorenthalten wurde, weil dieses Buch nicht die zeitgemäße Pädagogik spiegelte – bitteschön! Natürlich kommt im wahren Leben kein Schneider und schneidet Daumenlutschern die Daumen ab. Dennoch findet der Orginalstruwwelpeter heutezutage durchaus wieder Befürworter, greife der Zappelphillip doch das (inflationäre) ADHS auf und der Suppenkasper die Anorexie …

Wie auch immer, die Kinder mögen diese kräftigen Geschichten ganz gern. In jedem Fall kann man beim interaktiven Vorlesen darüber sprechen, dass man nicht bereits am vierten Tag verhungert, falls man keine Suppe isst, dass man ohne Wasser nicht viele Tage leben kann und ohne Essen auch nur einige Wochen, und man kann darüber sprechen, welche Geschichten wirklich passieren könnten und welche nur erfunden sind.

Lenzi hat anscheinend eine Vertonung des Struwwelpeters zu Hause und konnte alle Geschichten zwar kaum sprechen, dafür aber flüssig vorsingen. Und die Geschichte mit dem Feuerzeug und dem verbrannten Paulinchen hat es ihm angetan, weil er selbst sehr gerne mit Feuer spielt, (die Eltern erzählten mir, dass sie Feuerzeuge und Streichhölzer immer sorgfältig vor ihm verstecken müssen, weil er unglücklicherweise schon beides in Gang setzen kann und dies auch bei jeder Gelegenheit tut) und weil er Katzen so gerne hat.

Das L, das Z, das K und vor allem das R sind Konsonanten, die in Lenzis phonetischem Spektrum noch keinen rechten Platz gefunden habe. Da er trotz aller Globolikügelchen, die ihm seine Mutter verabreicht, immer noch Probleme (oder Pohbeme, wie Lenzi sagen würde) mit dem Gehör hat, ist das auch nicht verwunderlich. Und einmal bringt ihn dieses kleine Sprachproblem ganz schön in die Bredouille.

Lenzi ist nicht nur ein begnadeter Sänger, sondern auch ein begnadeter Esser (wovon auch seine wonnige Figur spricht). Da er das gemeinsame Essen immer kaum erwarten kann, schleicht er schon bei der Zubereitung und Vorbereitung ständig in der Nähe herum. Er hilft mir öfter als andere Kinder, täglich die Teller und das Besteck in die Gruppe zu tragen, richtig abgezählt natürlich. (Auf diese Weise lernten übrigens fast alle Kinder das Zählen). Der Höhepunkt der Essensvorbereitung ist jedes Mal, gemeinsam die Essenskiste vom Caterer in unsere Gruppenräume zu tragen und zu spionieren, was es denn heute gibt.

Egal, was die Kiste beinhaltet, es führte bei Lenzi zu wahren Begeisterungsstürmen. Und dann gibt's auch noch den Spaß, dieses Herrschaftswissen der restlichen Gruppe zu präsentieren. In der aktuellen Kiste befinden sich Karottengemüse mit Reis und Früchtejoghurt.

»Lenzi, bist du bitte so lieb und holst alle Kinder vom Garten rein, wir können essen.«

»Ok«, frohlockt er. Seine Augen leuchten, wie immer bei der leidenschaftlichen Betrachtung von Nahrung, und er saust los.

Die mittägliche Ansage eines Kindes bringt zwar gewöhnlich die anderen Kinder nicht dazu, ihre anspruchsvolle Gartenarbeit (Giftsuppe kochen, Piratenschiffe verteidigen, Prinzessinnen ärgern und so weiter) zu unterbrechen, aber sie können sich immerhin mental darauf einstimmen, dass ich in kürzester Zeit ebenfalls auftauchen werde und sie unerbittlich an den Essenstisch bitte, scheuche, zwinge, locke – wie auch immer.

Ich will mich gerade zu dieser Hamelnarbeit auf den Weg machen, hole sicherheitshalber noch ein feuchtes Reinigungstuch für Lucille aus den Gruppenräumen – sie hatte wieder mal Schnupfen, und ihre gesamte untere Gesichtshälfte ist nach dem Gartenaufenthalt gewöhnlich mit einer Art gelb-braun-rissiger Camouflage, bestehend aus einem Rotz-Dreck-Zwei-Komponenten-Kleber bedeckt –, da staune ich nicht schlecht, als sich eben jenes verkrustete Wesen geschickt an mir vorbeischlängelt mit den Worten: »Und die Hände hab ich mir auch schon gewaschen!«

Als ich den Gruppenraum betrete, sitzen alle Kinder bereits still am Tisch, sie tragen ihre Hausschuhe und strecken mir alle die mehr oder weniger sauberen Hände entgegen. Treue, aufrichtige Augen sind erwartungsvoll auf mich gerichtet.

»Heute wart ihr aber außerordentlich schnell«, wundere ich mich.

»Ihr habt doch nicht etwa irgendetwas angestellt?« (Irgendwie musste ich dieses ungewöhnliche Verhalten ja einordnen.)

Empörtes Kopfschütteln.

»Können wir gleich den Nachtisch?«, fragte I. I.

»Geh, I. I., du weißt doch, dass es den Nachtisch erst gibt, wenn alle mit dem Hauptgang fertig sind.«

Alle essen schnell und konzentriert, und die übliche Tischkonversation, die gewöhnlich dazu führt, dass unser Essen ziemlich lange dauert, weil die Plauderer unserer Gruppe oft erst nach einer Viertelstunde beginnen, Nahrung aufzunehmen, findet schlicht nicht statt. Nach ein paar Minuten haben alle aufgegessen, ohne Diskussion (nicht mal Hubertus will sich im Argumentieren üben) ihre Teller in die Küche geräumt und sitzen brav und bereit für das Dessert wieder am Tisch. Aber als ich die Schüssel mit Früchtejoghurt auf den Tisch stelle, gibt's lange Gesichter.

»Wo is'n da der Nachtisch?«, fragt Schorschi.

»Ja, wo ist denn das Eis? Der Lenzi hat gesagt, es gibt Eis!«, stimmt I. I. erwartungsvoll fordernd ein.

»Eis haben wih hon gehessen«, gibt Lenzi gelassen

zu bedenken, der als Einziger begeistert seinen Joghurt löffelt.

Wir erleben einen kurzen Moment der Fassungslosigkeit. Dann kapieren Laetizia, I. I., Schorschi und Tamaki als Erste, was passiert ist.

Für die anderen erkläre ich es: »Ihr wisst doch, dass der Lenzi das R noch nicht so richtig sprechen kann, er hat gemeint, es gibt Reis, und nicht, es gibt Eis!«

Die vorwurfsvollen Blicke, die ihn jetzt treffen, fallen Lenzi, der sich hingebungsvoll seinem Fruchtjoghurt widmet, nicht auf.

»Hann ih noh eine Johuhd haben?«

So funktioniert das also, wenn ich die Kinder ohne Mühe an den Mittagstisch bringen will! Zwei Wochen später gibt es wieder Reis, und ich frage Lenzi, ob er mir beim Tischdecken hilft. Ich kann es selbst gar nicht glauben, aber es funktioniert ein zweites Mal – die Kinder kommen in Erwartung, ein Eis zu kriegen, alle blitzschnell vom Garten herein. Da immer ein, zwei Wochen vergehen, bis wieder Reis auf dem Speiseplan steht, klappt es auch noch ein drittes und viertes Mal. Offenbar kann allein das Wort »Eis« die kindlichen Gehirne in Permafrost fallen lassen. Beim fünften Mal wird es ausgerechnet Tamaki zu dumm. Tamaki spricht zwar nur spärlich Deutsch, aber der passive Wortschatz, um das Alltägliche zu verstehen, ist bereits ausreichend vorhanden. Sie setzt sich auf den Stuhl neben Lenzi und sieht ihn mit ihren schönen schwarzen Augen ernst an.

»Sag Reis«, fordert sie ihn streng auf.

»Eis.«

»Nein, Reis«, fordert sie noch strenger.

»Eiihhs.« Lenzi gibt sich alle Mühe.

»RRRRRRRReis!« Tamaki ist unerbittlich und beugt sich ganz nah zum kleineren Lenzi. »RRRRRRRRRRR RRRRRRRRRRRRRRRRRRRRRRReis!«

Lenzi blinzelt sie unsicher durch seine dicke Brille an. Dass Tamaki ihre Interessen immer durchsetzt, ist ihm klar. Ehe er sie nicht zufriedenstellt, würde er aus dieser Nummer nicht rauskommen.

Er bekommt einen ganz roten Kopf vor Aufregung, und schließlich – mit größter Anstrengung aus seinem Kehlkopf herausgepresst – kam es: »Chchcheis.«

Alle Kinder am Tisch, die mit Spannung Tamakis Aktion beobachtet haben, klatschen begeistert in die Hände.

»Cheis«, wiederholt Lenzi selig. »Cheis«, wiederholt er, jetzt lauter, denn jetzt erst scheint er sich seines unglaublichen Fortschritts bewusst zu werden. »Cheis«, schleudert er mir lachend entgegen.

»Bravo Lenzi, bravo. Du hast es fast, das konntest du vorher noch gar nicht.«

Ich bin genauso selig wie er. Wir freuen uns alle über seinen Erfolg, und alle Kinder haben vor Begeisterung ganz rote Bäckchen und lachen glücklich mit ihm. Lediglich Tamaki sieht uns kopfschüttelnd an, setzt sich jedoch wieder auf ihren alten Platz zurück, wohl wissend, dass für heute das Ende der Fahnenstange erreicht ist.

Leider ist es nun mit dem Eis/Reis-alle-Kinder-sitzen-binnen-einer-Minute-am-Tisch-Manöver vorbei, denn bei »Es gibt Cheis!« kommt jetzt keiner mehr so schnell vom Garten rein. Und Lenzi gelingt es in der folgenden Zeit immer besser, das unmögliche R mit einem kraftvollen CH auszugleichen. Andere Tricks, wie zum Beispiel das absente ZW geschickt durch ein F zu ersetzen, hat er ohnehin längst drauf. Zu Zwerg sagt er schon lange ausdauernd »Ferg«. (Da ich in einem katholischen Mädcheninternat zur Schule gegangen bin, kann ich hier nicht locker niederschreiben, was Lenzi durch den ganzen Kindergarten schrie, als er einmal von Waldemar gezwickt wurde. Eigentlich schade.)

Summer in the City

Endlich Sommer. Zu dieser Jahreszeit ist es bei schönem Wetter im Kindergarten traumhaft.

Unsere Einrichtung liegt mitten in einem Park, der umsäumt wird von einem bevölkerten Konsumboulevard. Zweihundert Meter weiter braust der Verkehr, und bei Hitze liegen die Abgase schwer in der flirrenden Stadtluft. Doch kaum hat man den Park betreten, scheint die sommerliche Großstadthitze abzufallen, zwitschernde Vögel, geschwinde Eichhörnchen (deren sommerliche Beschäftigung darin besteht, spazieren geführte Großstadthunde glauben zu machen, sie wären leicht zu fangen) und die Ruhe, die vom leichten Wogen großer, schattiger Baumkronen ausgeht, führen in eine andere Welt. Eine Welt, wie sie sein sollte. Entschleunigt. Sich aufs Wesentliche besinnend. Eine Welt, die uns für einen kurzen Augenblick die Narretei des stressigen Stadtlebens vor Augen führt, ehe wir diesen Gedanken schnell wieder verdrängen.

Mitten drin, um dieses überirdische Paradies zu krönen: zufrieden lachende, nackte und halbnackte Kinderwesen, die glücklich ihren Beschäftigungen mit glitzerndem Wasser, nassem Sand, gesammelten

Pflanzenteilen und krabbelndem Kleingetier nachgehen. Es gibt Augenblicke, da betäubt diese Idylle jede Konversation, und wenn dennoch Worte unseren Mündern entweichen, dann nur mehr sanft perlende, freundliche und befriedende.

»Komm, Krümelchen, wir gehen baden«, haucht Kinga, die heute bereits nach dem Mittagessen auftaucht, ihrer Lucille zärtlich ins Ohr, »ich habe mir den Nachmittag für dich freigenommen.«

»Krümelchen, das ist aber ein zauberhafter Kosename«, kommentiere ich, faul mit ein paar Kindern auf Matratzen und Kissenbergen auf unserer Terrasse lagernd.

»Du kennst ja ihre Tischmanieren, wenn sie sich gerade mal nicht anfasst, krümelt sie im Umkreis von zwei Metern alles voll.« Selbst das klingt aus Kingas Mund nicht vorwurfsvoll wie so oft, sondern eher zufrieden gurrend.

»Bekomme ich dann auch ein Eis?« Lucille hat beschlossen, aus diesem Gurren Kapital zu schlagen.

»Natürlich, Krümelchen. Aber jetzt hol mal deine Sachen«, säuselt Kinga.

»Lucille heißt Krümelchen«, kichert Jaron und richtet sich mit dem Kopf gemütlich auf meinem Bein ein. Hubertus hat sich in meinen Arm gekuschelt, und I. I. lässt sich die Haare von mir kraulen.

»Das ist doch nett«, antworte ich. »Hast du keinen Kosenamen?«

»Was ist ein Kosename?«, will er wissen.

»Na, ein Name, den die Eltern manchmal zu dir sagen, wenn sie dich mal nicht Jaron nennen.«

Ein Leuchten überzieht sein Gesicht. »Manchmal sagt die Mama Schatz zu mir, und früher«, fährt er etwas nachdenklicher fort, »hat sie das auch zum Papa gesagt. Aber jetzt nicht mehr. Nur noch zu mir.«

»Zu mir sagen Mama und Papa manchmal ›Dicke‹«, meint Laetizia träge, scheint aber ganz zufrieden mit dieser Titulierung.

I. I. verkündet strahlend, dass der Papa sie immer »Darling« nennt.

»Ich bin der Winzling und manchmal auch das Engelchen«, bereichert Zoe diese Konversation, »und Sandy, die neue Freundin von Papa, sagt, ich bin die Kleine, obwohl ich gar nicht mehr klein bin, ich bin schon so groß«, und dabei steht sie von ihrem Kissenlager auf, stellt sich auf Zehenspitzen und streckt die Hände in den blauen Himmel. In ihrem Blondhaar tanzen die Sonnenstrahlen.

»Und du, Hubertus«, frage ich den embryonal gekrümmten Wonneproppen, der halb auf mir liegt, was sagen deine Eltern zu dir, vielleicht Hubi oder Hubsi?«

»Nein, zu mir sagen sie immer nur Hubertus.«

»Ach komm, das gibt's doch gar nicht, überleg mal. Wenn du mal besonderes süß und lieb bist, sagen die Eltern bestimmt auch irgendeinen Kosenamen zu dir.«

Hubertus bohrt versonnen in der Nase, während er den Zeitlupentanz einer vereinzelten Wolke am Himmel verfolgt und dabei sichtlich konzentriert nachdenkt. Dann klärt sich sein Gesicht auf:

»Der Papa sagt manchmal ›mein lieber Scholli‹ zu mir.«

Wenn man mit Badengehen gelockt wird, kann man den paradiesischen Kindergarten schon mal verlassen. Ein Biergartenbesuch ist da schon weniger aufregend, weil da meist nur die Erwachsenen miteinander reden wollen. Noch langweiliger ist es, wenn die Eltern in eins der schicken Münchner Straßencafés gehen wollen. Da muss man als Kind in der Nähe bleiben, obwohl man die Limonade schon nach einer Minute ausgetrunken hat. Ein nachfolgender Eisbecher ist in etwa vier Minuten weg, und ein zweites Eis bekommt man aus unerfindlichen Erwachsenengründen nicht. Die Elternargumentation zu diesem Thema: »Das reicht jetzt« ist zu dünn und unbefriedigend. Cafébesuch geht immer so aus, dass man lange auf einem Stuhl sitzen muss, bis die Erwachsenen fertig geredet haben, und das kann dauern.

Es ist also kein Wunder, dass die Ernährer alle Hebel in Bewegung setzen müssen, um ihre Kinder im Sommer zu bewegen, ihr Gartenidyll zu verlassen. Ständig höre ich »Trödel doch nicht so rum!« aus ihrem Mund, wobei die Großen oft nicht bemerken, dass sie selbst die Trödler sind.

Johanna: »Bitte, Jaron, komm jetzt, ich habe den ganzen Nachmittag für dich, und wir können was Schönes zusammen machen, ich dachte, wir gehen zusammen ins Schwimmbad.«

Jaron: »Ich will aber noch nicht gehen. Ich will noch mit Waldemar einen Stausee bauen.«

Johanna: »Du kannst morgen auch noch einen See mit ihm bauen. Ich habe nur heute Nachmittag frei.«

Jaron: »Na gut.« Er wirft Waldemar einen traurigen Blick zu und trollt sich zum Anziehen. Inzwischen ist Mizzi, Zoes Mutter, eingetroffen. Sie begrüßt Johanna mit einem Schwabinger Luftküsschen-links-Luftküsschen-rechts.

Johanna: »Du, ich glaub, jetzt bin ich in derselben Situation wie du. Bei uns kriselt es schon länger, und wir werden uns wahrscheinlich auch trennen. Ich weiß nur nicht, wie ich es Jaron beibringen soll.«

Mizzi: »Das hat bei uns einigermaßen gut geklappt. Ich versuch halt jetzt mehr für Zoe da zu sein.«

Jaron kommt an, zupft seine Mutter am Kleid: »Ich bin fertig, wir können gehen.«

Mizzi zu Johanna: »Und ich bin echt froh, dass sich Zoe mit seiner neuen Freundin gut versteht.«

Jaron zupft Johanna noch mal: »Ich will jetzt gehen.«

Johanna zu Jaron: »Gleich, Schatz.« Und zu Mizzi: »Da ist ja bei uns, Gott sei Dank, kein Dritter im Spiel, ich denke, insofern ist unsere Situation leichter ... ...«

Mizzi: »... ... ... hat dann die Paartherapie auch nichts geholfen ... ...«

Jaron entledigt sich inzwischen wieder seiner Kleidung und geht zu Waldemar in den Sandkasten, um sich dem Stausee zu widmen.

Nach einer Viertelstunde bemerkt Johanna sein Verschwinden.

»Oh Gott, Jaron, jetzt bist du ja noch nicht fertig, ich habe dir doch gesagt, wir wollen gehen. Jetzt beeil dich mal!«

Jaron klettert wieder wehmütig aus dem Sandkastenloch heraus, zieht seine Shorts und sein T-Shirt an und stellt sich zu seiner Mutter.

Mizzi zu Zoe rufend: »Engelchen, komm, wir gehen auch«, und zu Johanna: »Es gibt auch eine Therapeutin hier in der Nähe, die hat sich nur auf Trennungen spezialisiert, Moment mal, irgendwo müsste ich … die Telefonnummer … … …«

Johanna: »… … …«

Mizzi: »… … … ach, und schau mal, da kommt Alexandra, die ist heut ja auch früher dran, dann könnten wir doch alle gemeinsam rüber zum Italiener gehen und … Zoe, jetzt komm doch endlich … … … «

Johanna, Alexandra und Mizzi geben sich einer dreifachen Luftbussiorgie hin und reden und reden und reden …

Jaron hat sich inzwischen wieder ausgezogen und liefert sich jetzt eine Wasserschlacht mit Waldemar und Schorschi.

Johanna zu Mizzi und Alexandra, zwanzig Minuten später: »Jetzt schaut euch mal Jaron an, er ist schon wieder ausgezogen und tropfnass, er hört einfach in letzter Zeit überhaupt nicht mehr. Das hängt bestimmt mit der anstehenden Trennung zusammen. Er ist ja so labil! Jaron, jetzt komm doch mal, wir gehen jetzt alle zusammen zum Italiener.«

Während Zoe und Laetizia von ihren Müttern eingesammelt werden, weint Jaron. Er will weiterspielen oder höchstens noch ins Schwimmbad gehen, aber keinesfalls zum Italiener. Johanna nimmt ihren weinenden Sohn auf den Arm und meint zu den beiden anderen Müttern: »Versteht ihr jetzt, was ich meine?

Kaum sind die drei Mütter mit ihren Sprösslingen abgezogen, tritt Oskar mit zwei Bier bewaffnet durchs Gartentor. Ich seufze innerlich. Es ist immer so. An besonders schönen Tagen, wenn sich die Kinder aufs Höchste mit Wasser und Sand im Garten vergnügen, haben viele Eltern plötzlich Zeit, ihre Kinder früher abzuholen. An nasskalten Wintertagen, wenn die Kinder halbkrank und erschöpft sind, ist dies leider selten der Fall.

»Du weißt ja gar nicht, was bei mir los ist«, startet Oskar, »ich hab dir auch ein Bier mitgebracht.«

Ich sehe auf die Uhr. »Tut mir leid, Oskar, ich mache jetzt dann mit den Kindern die Nachmittagsbrotzeit. Wenn du willst, kann ich nach Feierabend ein Bier mit dir trinken.« Es ist mir schon klar, dass er über irgendetwas mit mir reden will.

»Ich sitz voll in der Scheiße«, entgegnet er, anscheinend nicht gewillt, noch zu warten, und öffnet eine der beiden Bierflaschen mithilfe der anderen.

Ich gebe Larescha ein Zeichen, schon mal allein mit den Kindern die Brotzeit zu beginnen. »Komm Oskar, wir setzen uns mal dort unter den Baum, und du erzählst mir, was los ist.«

»Dich wird's gleich umhauen, ich bin voll am Arsch«, jammert er, »aber ich sag erst mal Waldemar, dass ich schon da bin.«

Waldemar erwiderte seine Begrüßung nur mit: »Du stinkst nach Bier, Papa.«

»Das sagt seine Mutter auch immer«, lamentiert Oskar, während er sich schwer auf der Bank neben mir niedersinken lässt. »Wir bekommen noch ein Kind!«

»Gratuliere, Oskar, aber das sind doch wundervolle Nachrichten.«

Oskar sieht mich resigniert an: »Du kapierst nicht, was das bedeutet. Anne will jetzt aufhören, ganztags zu arbeiten, und sagt, mit zwei Kindern will sie für die Kinder da sein und nur noch halbtags arbeiten, ich soll im nächsten Jahr mein Examen machen. Das schaff ich nie, ich hab zu meinem Philosophiestudium doch auch noch Theologie draufgepackt, weil sie ja so religiös ist, wegen ihr hab ich das eigentlich gemacht, und jetzt macht sie mir voll den Druck, sie droht sogar damit, auszuziehen und wieder bei ihrer Mutter, die mich eh nicht ausstehen kann, einzuziehen.« Er sieht mich mit leicht geröteten Augen an. Ich vermute, dass dies heute nicht sein erstes Bier ist.

»Oskar, das ist verständlich, du hast jetzt schon so viele Semester studiert und sagst doch selbst immer, dass du wegen Waldemar zu nix kommst. Wenn Anne dich bei der Kindererziehung entlasten will, ist das doch auch eine Chance für dich.«

Oskar stiert mich nach einer passenden Erwiderung suchend an, dann schweift sein Blick ab zur Gartentür.

»Ah, da kommt der Siggi, also wenn du eh kein Bierchen mit mir trinken willst ... Ich glaube, diese Probleme, die wir Männer in unserer historischen Rolle als Ernährer haben, kannst du nicht verstehen, da spreche ich besser mit Siggi. Der Siggi ist außerdem jemand, der weiß, was das T. bei James T. Kirk bedeutet, so jemand ist kompetent in allen Lebenslagen. Außerdem hast du ja auch nicht studiert und weißt nicht, was das für ein Stress ist.«

Damit steht er auf und geht zu Siggi, um ihn mit einem wuchtigen Schulterschlag zu begrüßen: »Hier habe ich ein Bierchen für dich, und ich bin voll am Arsch!«

Heh, heh, Freundchen, das T. bei Kirk heißt Tiberius, das weiß doch jeder, will mein Freudsches *Es* ihm empört nachrufen, und außerdem hast du mir das

Bier mitgebracht. Und Anne hat vollkommen recht, neun Jahre Studium sind doch wohl mehr als genug. Das kann ich beurteilen, denn ich hab sehr wohl studiert! Und überhaupt!

Doch mein *Überich* sorgt dafür, dass ich den Mund halte und stellt nüchtern fest: Das ist doch perfekt, dass er sich bei Siggi ausweint, so bist du davor gefeit, für ein Elternteil Partei ergreifen zu müssen. Das könnte nämlich die professionelle Elternbeziehung belasten. Und mein *Ich* reagiert auf Fini, die gerade angeschlendert kommt und ein blaues, sandverdrecktes Bändchen in ihre Lockenpracht geflochten haben will.

»Gerne, mein Schatz!«

Die sommerlichen Tage vergehen wie im Flug, und alle freuen sich auf die großen Ferien. Heute, am letzten Tag, spielen die Kinder beim Umziehen an der Garderobe wieder mal unerträglich hilflose, beidseitig Gelähmte. »Im September seid ihr dann schon ganz schön groß, und wir werden hier im Kindergarten die neuen Dreijährigen begrüßen. Und ihr, meine Lieben, werdet euch nach den Ferien alle alleine anziehen können.«

Nächstes Jahr werde ich in dieser Hinsicht unerbittlich sein, nehme ich mir in Gedanken vor, obwohl ich schon von meiner eigenen Inkonsequenz bei diesem Thema wusste, und als ich meine Süßen betrachte und mit schmerzlicher Wehmut daran denke, dass ich sie jetzt wochenlang nicht sehen kann, habe ich spontan den Wunsch, mir eine dieser Zuckerschnecken auf den Schoß zu setzen, um ihr die Schuhe anzuziehen.

Resümee dieses Kindergartenjahres: Zoes Eltern getrennt, Jarons Eltern fast getrennt, Waldemars Papa von Trennung bedroht beziehungsweise »voll am Arsch«. Und ich selbst stelle mich auf den Trennungsschmerz ein, der mich jedes Mal zu Beginn der großen Ferien trifft.

Die Desorganisation und die dialektische Natur des Widerspruchs

Es dauert gewöhnlich mindestens eine Woche, bis ich nicht mehr täglich an »meine« Kinder denke. Erst nach und nach fange ich an, mich zu erholen. Die alltägliche, schnelle, kleine Erholung vom Tagesstress läuft bei mir (und ähnlich bei meinen Kolleginnen) so ab: Ich gehe nach der Arbeit nach Hause, setze mich vor den Fernseher und kommuniziere nicht. Meine Familie weiß, dass mich für eine Stunde niemand ansprechen darf.

Die große Erholung findet dieses Jahr wieder in Griechenland statt. Vor ein paar Jahren habe ich ein Sabbatical dort im Städtchen Nauplia verbracht. Eine solche Auszeit empfehle ich allen Menschen, die in sozialen Berufen tätig sind. Natürlich muss man jahrelang sparen, auf sein Gehalt verzichten oder Ähnliches, da gibt's verschiedenen Modelle. Bei dem Gehaltsniveau, auf dem Erzieher dahindümpeln, ist das nicht einfach, aber es lohnt sich. Ein ganzes Jahr selbstbestimmt sein. Ein ganzes Jahr nicht auf die Bedürfnisse anderer eingehen. Ein Jahr lang nicht kommunizieren müssen, außer man wünscht es. Ein ganzes Jahr ausschlafen. Ein Jahr Sonne. Ein Jahr in eine andere Kultur eintauchen.

Die Nachteile sind freilich: Ein Jahr Sonne. Ein Jahr in eine andere Kultur eintauchen.

Mich wundert nach dieser Erfahrung nicht, dass Griechenland aktuell »am Arsch« ist (mindestens so sehr wie Oskar). Man bedenke, wie beispielsweise ein Hauskauf in Griechenland funktioniert: Das war nämlich mein ursprünglicher Plan, im Sabbatical ein günstiges Bauernhäuschen zu kaufen, selbst zu renovieren (ich kann das) und dann mit Gewinn zu verkaufen oder für immer günstigen Urlaub dort zu machen. Nach langer, langer Suche (für das griechische Real Estate Management scheint der Nordeuropäer eine Art bleicher Trottel mit Geld zu sein, dem man eine Menge verrotteter Scheunen zeigen kann, die in the middle of nowhere stehen und zu Quadratmeterpreisen gehandelt werden, die sogar einen Münchner Makler hätten erröten lassen) hatte ich endlich, dank der Hilfe griechischer Freunde, etwas Passendes gefunden.

Ich fand dann auch eine ausgesprochen hübsche, junge Anwältin namens Eleni, die in Deutschland studiert und sich später auf die Betreuung bleicher Trottel spezialisiert hatte und die mich bei dieser Angelegenheit beraten sollte. Nein, sie hat mich nicht gleich beraten, sondern wollte erst mal siebenhundert Euro in bar als Vorschuss für ihre Arbeit haben, das sei in Griechenland üblich. Wir trafen uns in einem Kafenion, und die Siebenhundert verschwanden in ihrem Handtäschchen. Auf meine Anfrage, ob ich denn keinen Beleg bekäme, lächelte sie mich charmant an und meinte, das sei in Griechenland nicht üblich. Ich fühlte mich wie ein typischer deutscher Spießer, als ich auf meiner Quittung beharrte, und die gute Laune der schönen Eleni kühlte um ein paar Grad ab, als sie mir schließlich einen handgekritzelten Nachweis schrieb.

Aber dann klärte sie mich auf: »Also, meine Liebe, der Kaufvertrag der Immobilie wird nur auf die Hälfte der tatsächlichen Verkaufssumme ausgestellt, sonst müsste man ja dem Staat so viele Steuern zahlen.«

Ich, in meiner Naivität: »Wie soll denn das funktionieren, in diesem Fall hat der Verkäufer ja gar keinen schriftlichen Anspruch auf die volle Verkaufssumme?«

Eleni, gelassen: »Nein, nein, wo denkst du hin, das läuft ganz korrekt mit Notar ab. Du bringst die andere Hälfte in bar mit zum Notar und übergibst das Geld dort auch unter den Augen des Notars.«

»Was? Das darf doch wohl nicht wahr sein, der Notar ist Gehilfe beim Steuerbetrug in großem Stile?« Ich war entsetzt. »Das machen die griechischen Notare?«

Eleni, jetzt sichtlich genervt: »Nein, natürlich nicht, wir sind doch schließlich kein afrikanisches Entwicklungsland (nicht nur Afrika, sondern der ganze Rest der Welt ist für den Griechen allenfalls semizivilisiert)! Der Notar weiß natürlich, dass er von dieser Geldübergabe eigentlich nichts wissen und deshalb auch nicht zuschauen darf, und wird sich dann umdrehen und sich einen Kaffee einschenken oder irgendetwas Ähnliches machen. Aber er muss dabei sein, sonst wäre die Geschichte ja wohl nicht korrekt«, endet sie und schmiss dabei ihre dunkle Lockenpracht triumphierend in den Nacken. Stolz auf ihre juristischen Fachkenntnisse, die sie mir damit angedeihen ließ, gab's noch ein bezauberndes Lächeln als Zugabe.

Ich hatte, während ich mich noch vom Kulturschock erholte, eine Frage an mein kompetentes Gegenüber: »Und wie lange dauert es, bis man eine Baugenehmigung für die Renovierung einer Denkmalschutzimmobilie bekommt? Das Objekt, das ich kaufen will, steht nämlich mitten in der geschützten Altstadt von Nauplia.«

Als ich dann von ihr hörte, dass man ohne gute Beziehungen mindestens mit einem halben Jahr rechnen musste, war der Plan für mich gestorben, und ich teilte meiner schönen Anwältin mit, dass ich unter diesen Umständen nicht an einem Kauf interessiert sei und ich sie deshalb auch von ihrem Auftrag, den Kauf für mich abzuwickeln, entbinde.

»Das ist schade« entgegnete sie mir mit charmantem Lächeln, »den Kaffee übernehme ich.«

Sie legte das passende Geld auf den Tisch, stand auf und reichte mir herzlichst die Hand zum Abschied.

»Äh, ich bekomme noch den Vorschuss zurück«, bemerkte ich.

»Na ja, schließlich bin ich ja zur Beratung extra hier in dieses Kafenion gekommen. Tschüss.«

Und weg war sie.

Natürlich habe ich keinen Anwalt gefunden, der eine Landsmännin verklagen wollte, obwohl alle das Verhalten verabscheuungswürdig fanden. Und nach einem Beschwerdebrief an die griechische Anwaltskammer bekam ich als Antwort, dass zurzeit leider viele Mitarbeiter in Urlaub seien, man sich aber alsbald sehr gründlich mit der Sache beschäftigen werde.

Wie auch immer. Wir kauften uns dann kein Haus, sondern ein Boot in Nauplia. Seither verbringen wir die Ferien des Öfteren in Griechenland, so auch dieses Jahr.

Dreieinhalb Kilo später endet der Urlaub, und ich finde mich sehr erholt im Büro des Kindergartens wieder. Und halte die Desorganisation und dialektische Natur des Widerspruchs in der Hand:

> Aufgrund der theoretischen Uneinigkeit und Konzeptlosigkeit der Elterngruppen und der praktischen Desorganisation des Tagesbetriebs sieht sich das Bezugspersonenkollektiv gezwungen, die theoretische Arbeit mit den Eltern vorläufig einzuschränken und die praktische Arbeit neu zu organisieren ... die Schwäche des Kindergarten-I-Papiers zeigt sich darin, dass zwischen der praktischen Arbeit in und am Kindergarten und der politischen Arbeit der Kindergarteneltern ein absoluter Widerspruch konstruiert und infolgedessen die dialektische Natur dieses Widerspruchs verkannt wurde ...
>
> Das Kinderladenprojekt kann nur dann seinen Selbsthilfecharakter überwinden, wenn es dazu führt, dass wenigstens ein Teil der freigesetzten Zeit und Energie in politische Arbeit umgesetzt wird. Erst die gemeinsame politische Arbeit der Eltern macht diese auch zu geeigneten Identifikationsobjekten für ihre Kinder, was, wenn man psychoanalytische Erfahrung mit politischer Erkenntnis vereint, Voraussetzung für sozialistische Erziehung ist.

> Ein Kinderladen, der seine Zielsetzung allein darin sieht, Kinder von Privilegierten möglichst repressionsfrei zu erziehen, ohne weiterreichende politische Perspektiven zu entwickeln, kann diese Aufgaben nicht erfüllen.

Ja, sapperlot, was habe ich denn da Interessantes gefunden! Völlig paralysiert greife ich mir einen anderen der dünnen Pappordner, die ich gerade im Büro gefunden habe. Ich puste einen mumifizierten Weberknecht (den Lenzi wahrscheinlich in die Kategorie Trockensnack eingeordnet hätte) und den dicken Staub herunter, der den Ordner bedeckt, und schlage die nächsten vergilbten Seiten auf:

> Die Erziehungsinstitutionen hinken hinter den ihnen gestellten Aufgaben hoffnungslos her und sehr langsam setzt sich die Einsicht durch, dass Bildungsplanung als langfristige Investition zu sehen ist, die notwendig ist, um ein den kapitalistischen Erfordernissen gerechtes, qualifiziertes Arbeitspotential zu schaffen. Die konventionelle Trennung der Subkultur Kindheit und Jugend von der Erwachsenenwelt wird tendenziell aufgehoben in dem Maß, in dem die Erfassung der vorhandenen Begabungsreserven notwendig wird. Von diesen Anforderungen her wird die Verfügbarkeit der Menschen planmäßig vorbereitet im schulischen und vorschulischen Sozialisationsprozess. Erziehung heißt dann wesentlich die Vermittlung von Kenntnissen und Fähigkeit für den Arbeitsprozess.

Kinder werden dabei begriffen als Hohlkörper, in die möglichst qualifiziertes Wissen eingetrichtert wird. Resultat eines solchen Erziehungsprozesses sollen dann disponible, mobile und flexible Menschen sein, die sich affirmativ einfügen und die ihr irrationales Leiden nicht etwa mit der Irrationalität des Systems in Verbindung bringen, sondern als subjektive Unfähigkeit erfahren, ihre Chancen wahrzunehmen.

Was ausradiert werden soll, ist klar; nämlich die historische Dimension des Denkens.

Ich habe einen Schatz gefunden, so viel ist klar! Dabei wollte ich doch eigentlich putzen. Nach den großen Sommerferien ist der Kindergarten nämlich gewöhnlich in einem Zustand, der beim Ordnungsamt für sofortige Schließung gesorgt hätte. Die Eltern haben ja alle einen Schlüssel und nutzen die Ferienzeit, um im Garten oder auch drinnen zu feiern. Und das anschließende Aufräumen wird, na sagen wir es mal milde, etwas nachlässig gehandhabt.

Da die Kinder das neue Kindergartenjahr nicht mit dem Geruch verschimmelter Lebensmittel und in chaotischen, »bespielten« und verdreckten Gruppenräumen beginnen sollten, bin ich immer ein paar Tage vor der Öffnung vor Ort und räume auf und putze.

Dieses Mal war ich angenehm überrascht. Jemand hatte anscheinend denselben Gedanken, denn alle Gruppenräume sind in Ordnung. Sogar der Abfalleimer in der Küche wurde geleert und geputzt. Ich bin gerührt und auch dankbar, denn Putzen gehört nicht zu meinen Lieblingsaufgaben.

Diese Schriften habe ich nur gefunden, weil ich beschlossen habe, mir ausnahmsweise das Büro, einem eigentlich großen Raum, in dem sich uralte Leitzordner von oben bis unten stapeln, vorzunehmen, wenn ich schon mal da bin. Und hier stehe ich nun. Ich habe ein Gefühl, als hätte ich grade die *Qumran-Rollen* entdeckt, und greife mir die nächste gelbliche Seite, auf der die matrizenblaue Schrift schon fast verblasst ist:

Treffen der Basisgruppe: Montags, 20.30 Uhr im Sozialreferat

Teach-in mit anschließender spielender Besetzung der Universität, ausgeführt durch die Säuglinge und Kleinkinder einer studentischen Minderheit, Dienstag, den 10.6.1969, 11.30 Uhr im Foyer des AStA-Gebäudes.

Mittwoch: Arbeitskreis »Antiautoritäre Erziehung in kapitalistischer Gesellschaft« mit dem Thema der intellektuellen Erziehung im Kindergarten

Koordinationstreffen der antiautoritären Kindergärten München, Donnerstag, 27.11.69, Grillparzerstrasse 39, 20.30 Uhr

»Anna, Anna«, schalmeit es mir in diesem Augenblick von der Tür entgegen, und Laetizia, I. I. und Zoe fliegen in meine Arme. Ich war so konzentriert beim Lesen, dass ich ihre Ankunft nicht bemerkte.

»Hallo, meine Lieben, wo kommt ihr denn her?«, frage ich sie, freudig überrascht.

Jetzt überkommt die Mädels plötzliche Schüchternheit (wir haben uns immerhin ein paar Wochen nicht gesehen), und sie verstecken sich hinter Alexandras Beinen, die jetzt ebenfalls das Büro betreten hat und für sie antwortet:

»Das ist ja eine Freude, dich zu sehen, wir haben erst übermorgen mit dir gerechnet. Weißt du, ich bin gekommen, um unsere Gruppenräume noch mal zu putzen, es soll ja gemütlich sein, wenn die Kleinen nach so langer Zeit ihren Alltag im Kindergarten wieder starten. Milhouse und Mizzi kommen auch nach und helfen. Wir haben übrigens auch alle den Urlaub zusammen verbracht und uns ein Haus in Ligurien gemietet. Die drei Mädchen sind richtig zusammengewachsen.«

Ich sehe sie mir an. Sie sind ungeheuerlich gewachsen. Das ist so, wenn man Kinder einige Wochen nicht sieht. Als ich den Dreien diese Beobachtung mitteile, freuen sie sich, und Zoe stellte sich auf ihre Zehenspitzen, um noch größer zu erscheinen. Die Mädchen sahen mir in die Augen, aber mit mir sprechen konnte noch keine.

»Wie war's denn in Ligurien?«, frage ich sie, um das Eis zu brechen.

Die Antwort ist verschämtes Gekicher. Sie sehen sich an und fassen sich an den Händen.

»Erzählt der Anna doch etwas vom Urlaub«, legt Alexandra nach.

Noch mehr Gekicher.

Und noch ein Versuch meinerseits: »Was gab's denn in Ligurien?«

»Nudeln!« I. I. hatte als Erste ihre Schüchternheit überwunden.

»Woh, Nudeln!« Auch ich liebe die italienische Küche, aber vielleicht hatte noch etwas anderes nachhaltigen Eindruck hinterlassen, also bohrte ich weiter: »Nudeln und was noch?«

Laetizia senkt schamhaft den Kopf, als sie in ihrer gewohnten Ernsthaftigkeit erwidert: »Und Reis«.

Auch diese Antwort löst dann wieder mächtiges Gekicher aus, und dann laufen die Mädels händchenhaltend in Richtung ihrer Gruppenräume davon.

»Ich weiß gar nicht, was mit ihnen los ist«, entschuldigt sich Alexandra, »sie sind doch sonst nicht so schüchtern.«

»Lass mal«, beruhige ich sie, »sie brauchen ein bisschen Zeit, um aufzutauen. Interessiert es dich, mit was sich Kindergarteneltern in den Siebzigerjahren beschäftigt haben? Schau mal, was ich gefunden habe.«

Ich drückte ihr einen der Ordner in die Hand.

Es ist wie Adventskalender öffnen. Jeder Ordner hält neue aufregende Überraschungen für uns bereit. Und Alexandra wird vom selben Schatzsucherfieber ergriffen wie ich.

»Willst du als Erzieherin mal die Erziehungsthesen von 1972 hören? Pass mal auf, das ist hochinteressant:

Situation der Kinder vor der ödipalen Phase vom Mai 72

Thesen zur Erziehung in der antiautoritären Bewegung:

1. Das Kind muss seine Bedürfnisse in angstfreier Beziehung zu den Erwachsenen frei äußern können.

2. Die Bedürfnisregelung sollte vor allem in der Interaktionskette Kind-Kind vonstatten gehen.
3. Versuche, Verhaltensänderungen eines Kindes durch Strafen oder Induzierung von Schuldgefühlen unter einem Angstdruck heranzuführen, sind unzulässig.
4. Limitationen betreffen folgendes: Aggressionen gegen die eigene Person, andere Kinder oder Erwachsene, die schwächere Sozialpartner in ihrer Eigenaktivität behindern.
5. Emotionale Zuwendung oder sonstige sind vom Erwachsenen ersatzlos zu leisten.
6. Im Gegensatz zur herrschenden Pädagogik ist antiautoritäre Erziehung: Ich-Pädagogik, die mit der Erwachsenen-Übermacht, nicht mit dem Erwachsenen aufräumt und dem Kind Befriedigung seiner Bedürfnisse und realitätstüchtige Abwehrformen gegen Triebe und Umwelt zugleich zu vermitteln versucht.

Alexandra sieht mich nachdenklich an.

»Einige Grundgedanken wie zum Beispiel die bedingungslose Liebe sind ja immer noch Teil des heutigen Konzepts. Aber über das Misslingen haben sie auch geschrieben, hör mal:

Diese Postulate scheitern an der Realität. Die Praxis zeigt täglich das Versagen all dieser Ansprüche. Beispiel: Stärke wird trotz aller antiautoritären Behauptungen als Durchsetzungsmöglichkeit erfahren.

Beispiel: Jenni und Nana pissen lustvoll auf eine Matratze.

»Es geht noch fünf Seiten weiter, die sich mit dieser Matratzenpinkelei von Jenni und Nana beschäftigen. Wenn ich da jedes Mal einen Aufsatz geschrieben hätte, wenn die Laetizia mal an unzulässigen Orten gepinkelt hat ...« Alexandra grinst mich an. »Ich glaube, die damaligen Eltern hatten wirklich nichts zu tun, zumindest hatten sie nicht diesen Leistungsstress wie wir heute.«

In meinem Entdeckereifer überhöre ich ihre letzte Bemerkung.

»Warte, warte, ich hatte grad so ein Papier in der Hand, das sich auch mit dem Fehlschlagen dieser Erziehungsthesen beschäftigt ...«

Ich komme nicht mehr dazu, Alexandra weiter vorzulesen, denn jetzt tauchen Mizzi und Milhouse auf, denen wir die Schriften gleich voller Begeisterung unter die Nase halten.

Ihre Euphorie fällt allerdings eher gemäßigt aus, was auch daran liegen mag, dass die österreichische Mizzi und der amerikanische Milhouse nicht begreifen, dass wir hier ein Stück deutscher Zeitgeschichte in den Händen halten. Milhouse versteht die Texte kaum und deklariert sie als typisch deutsch, während Mizzi nur auffällt, dass ja alles noch mit einer Schreibmaschine geschrieben wurde und die Leute sich früher nicht vertippen durften und welch ein Segen ein Laptop doch ist. Worauf Milhouse sofort die Gelegenheit nutzt, über amerikanische Zeitgeschichte zu reden und zu behaupten, nur Apple sei akzeptabel und Steve Jobs sei ja auf den Namen Apple gekommen, um vor Atari im Telefonbuch zu stehen ...

»Das interessiert jetzt keinen«, unterbricht ihn Alexandra mit ihrer üblichen, zielgerichteten Tüchtigkeit (die manche durchaus als Unhöflichkeit einstufen), »hier geht's um unseren Kindergarten. Jeder nimmt sich jetzt einen Stapel, und wir ordnen das Ganze zumindest mal chronologisch!«

Klare Ansagen ist Milhouse ja von seiner Tochter I. I. gewohnt, und tatsächlich greift er sich seufzend einen Ordner.

Mizzi leistet zaghaften Widerstand: »Wir wollten doch unsere Räume putzen und verschönern, und ich habe mir gedacht, ich male heute über die ganzen weißen Flecken auf unserem Boden eine Art Blütenteppich.«

Bei dieser Ankündigung gefriert mir das Blut in den Adern und ich pflichte Alexandra sofort bei, dass es wichtig sei, sich mit der eigenen Geschichte zu beschäftigen, es gebe ohnehin nichts zu putzen, und außerdem könnten wir mit diesem Material vielleicht eine Ausstellung im Kindergarten organisieren. Auf das Wort Ausstellung reagiert die Künstlerin Mizzi wie der Pawlowsche Hund: »Au ja, dann designe ich das Plakat dafür!«

Eine halbe Stunde später grunzt Milhouse: »Hey, hier ist endlich ein Text, den ich verstehe:

In der Beschäftigung werden aus Topf und Deckel Scheißhäuser hergestellt; im Freispiel haben die Kinder die Möglichkeit, darin zu scheißen, den Kindern aus allen Gruppen zu zeigen, was sie gemacht haben, und mit ihnen gemeinsam zu scheißen.

Das ist vom September 1978, und das ist auch typisch deutsch, oder? Dass ihr sogar über das Scheißen schreiben müsst!«

»Für all das Geschreibsel seid überhaupt ihr Amerikaner verantwortlich«, kontert Alexandra und zitiert:

Die praktische und theoretische Voraussetzung für die Studentenbewegung ist die Grunderfahrung über den ständig eskalierenden Krieg des mächtigen imperialistischen Staates gegen das kleine, aber tapfere Volk der Vietnamesen.

»Ich habe was Besseres«, gluckst Mizzi, »ich habe einen Elternfragebogen von 1970 gefunden, nein, eigentlich nicht den Fragebogen, sondern nur die Antworten der Eltern. Die mussten ja früher sogar ihre politische Arbeit nachweisen und ihr komplettes Leben offenlegen. Ich lese euch mal die lustigsten Sachen zum Thema Sex vor:

Frage 16: Wir haben wechselnde Geschlechtspartner.
Frage 17: Wir fühlen uns sexuell unbefriedigt, suchen nach geeigneten Geschlechtspartnern.
Frage 18: Geschlechtlich kann theoretisch jeder machen was er will.

Ein paar wenige Fragen beziehen sich sogar auf das Kind:

> Frage 38: A. spielte gerne mit seinen vollen Windeln. Er zeigt zur Zeit jedem stolz seine Oppels, die er ins Klo gelegt hat, und er biselt gerne Sachen an.

Während ich noch sinniere, woher das Wort Oppels stammen könnte, meint Mizzi spöttisch: »Ich glaube, mein Ex hat den Fragebogen über sexuelle Gewohnheiten ausgefüllt, der hat auch jede Woche eine Neue.«

»Wenn du schon wieder Witze über das Thema reißen kannst, scheint die Trennung ja langsam überwunden«, meint Milhouse trocken. »Aber wisst ihr was, ich bekomme langsam Appetit, ich werde mal meine Kathy, ich meine Jekaterina, anrufen, damit sie uns ein paar Pizzen vorbeibringt, die Kinder haben bestimmt auch schon Hunger.«

Beim Wort »Kinder« sahen wir uns alle an. Verdammt, sie haben sich die ganze Zeit nicht blicken lassen, und wir alle wissen, dass dies ein ganz, ganz schlechtes Zeichen ist.

»Ich schau mal nach ihnen«, biete ich mich an.

Ich gehe den Flur entlang, und mich beschleicht ein sehr ungutes Gefühl, denn es ist gespenstisch leise. Als ich die Gruppenräume betrete, schauen sie von ihrer Tätigkeit auf.

»Oh mein Gott, was habt ihr denn da gemacht?«, rufe ich entsetzt.

»Zoe war's«, meint Laetizia sofort und sieht mich schuldbewusst an.

»War ich gar nicht«, weint Zo sofort.

I. I. legt unauffällig einen triefenden Pinsel neben sich auf den Boden, setzt sich aufs Sofa, greift sich ein Bilderbuch und tut so, als ob sie die ganze Geschichte überhaupt nichts angehe.

Der ganze Boden ist mit Acrylfarbe bekritzelt. Die drei Mädels haben sich die Farben aus dem Materialschrank geholt und sind äußerst kreativ gewesen. Ich betrachte das Werk und kann genau nachvollziehen, was geschehen ist: An einer Wand des Zimmers pinne ich immer ein circa drei Meter langes Malpapier, das die Kinder bemalen dürfen. Und dort haben die drei Freundinnen augenscheinlich auch gestartet. Doch als das Malpapier voll war, liefen die Spuren der Kreativität an der Wand weiter, und als die Wand endete, ging es am Boden weiter. Vielleicht hatten sie auch Mizzis Plan, den Boden zu verschönern, im Kopf?

Jedenfalls ist ihnen das Ausmaß ihres künstlerischen Ausbruchs erst bewusst geworden, als sie meinen Aufschrei hörten.

»Zoe war's«, bekräftigt Laetizia noch einmal nachdrücklich, was bei Zoe wieder einen verzweifelten Weinanfall auslöst. Laetizia steht dabei neben dem blauen, riesigen Schriftzug ihres eigenen Namens, der den halben Zimmerboden einnimmt. Ich weiß nur zu genau, dass Zoe nicht einmal ihren eigenen Namen schreiben kann, geschweige denn Laetizias, und tröste Zoe:

»Mir ist schon klar, dass ihr es alle getan habt. Aber ihr erinnert euch, dass wir vereinbart hatten, nur auf dem Malpapier an der Wand zu malen.«

Betretene Gesichter.

Ich hole Alexandra, Mizzi und Milhouse, und wir fangen an, unseren ursprünglichen Plan, der uns eigentlich heute alle in den Kindergarten geführt hat, nämlich zu putzen, umzusetzen. Groß schimpfen muss keiner, denn die Kleinen sind das personifizierte schlechte Gewissen. Sie sind ganz still und helfen so gut sie können, die Farbe von Wand und Boden zu entfernen.

Als Jekaterina zwei Stunden später mit Pizzen, Orangensaft und einer Flasche Wodka (die bringt sie als gute Russin obligatorisch zu allen Zusammenkünften mit) auftaucht, sind wir fertig, oder zumindest haben wir beschlossen, es für heute mal gut sein zu lassen und nächstes Jahr wieder neu zu streichen.

Alle lassen sich die Pizza schmecken. Die Mädchen setzen sich danach äußerst brav und manierlich an den Maltisch und malen mit Holzfarbstiften sehr konzentriert auf DIN-A4-Blättern (tunlichst darauf achtend, ja nicht daneben zu malen), und wir Erwachsenen habem alle das Gefühl, uns den Wodka verdient zu haben, und plaudern bereits wieder angeregt über die 70er-Jahre-Ausstellung, die wir für den Verein planen.

»Na sdorowje«, prostet mir Jekaterina zu.

»Jámas«, erwidere ich.

Wortblumen des Bösen

»Pupsikakka, Pupsikakka!«

Erstaunlich. Heute ist der erste Tag nach den Sommerferien, und ich bin extra eine halbe Stunde vor Arbeitsbeginn aufgetaucht – eine äußerst engagierte Leistung für eine Langschläferin wie mich –, um jedes Kind bei seiner Ankunft begrüßen zu können, aber die Hälfte meiner Gruppe ist bereits da, steht auf der Spielempore im Flur und begrüßt alle, die das Haus betreten, mit einem überschwänglichen »Pupsikakka!«.

Auch mich.

Ich sehe mir den Pulk an. Es sind fünf Jungs. Klar, wenn das weibliche Regulativ fehlt, ufern Männerrunden gern aus.

»Guten Morgen, Waldemar.«

»Pupsikakka!«

»Guten Morgen, Sülo.«

»Pupsikakka!«

Auch von Lenzi und Schorschi bekam ich dieselbe Antwort auf meinen Morgengruß.

»Guten Morgen, Hubertus.«

»Pupsikakka!« Dieses Pupsikakka erreicht mich schon ein wenig leiser, denn in Hubertus adligem Elternhaus wird großer Wert auf gute Manieren gelegt, aber es ist da, dieses Pupsikakka. Tja, man kann sich auch als Jüngster dem Gruppendruck nicht entziehen.

Ich versuche, ein Grinsen zu unterdrücken, aber ich freue mich, die Jungs wieder zu sehen. Und dass männliche Wesen die Sprache der Romantik erst mühevoll erlernen müssen, ist ja hinlänglich bekannt.

Die wartenden Eltern begrüßen mich herzlich und erklären mir, dass sich die Kinder so auf den Kindergarten gefreut haben, dass sie alle entsetzlich früh aufgestanden sind und sofort los wollten. Ob des infernalischen Pupsikakkageschreis sahen mich die lieben Eltern mit einer entschuldigenden (dass unser Nachwuchs so schlechte Umgangsformen aufweist ...) Erwartungshaltung an (mach du doch etwas dagegen, du bist doch der Profi).

Tja, ich wünschte ja selber, ich hätte bei allen problematischen Themen pädagogische Standardrezepte. Aber so ist das leider nicht. Ein bisschen Technik und Know-how ist schon hilfreich, aber eigentlich verlangt jedes Kind individuelle Vorgehensweisen. Was bei dem einen Kind funktioniert, kann bei einem anderen kontraproduktiv sein. Den emotionalen und geistigen Zustand des Kindes erfühlen, das ist eigentlich die Zauberformel für gute Pädagogik. Und Liebe. Natürlich die Liebe. Groß und uneingeschränkt soll sie sein.

Aber genug der hehren Worte, zurück zum Pupsikakka: Ich beruhige die Eltern, dass diese Phasen der Lust an schlimmen Wörtern, bevorzugt aus der fäkalischen Abteilung, meiner Erfahrung nach auch wieder vorbeigehen. Am besten ist Ignorieren, da unsere

Erwachsenenreaktionen – die Skala geht von Amüsement über Betroffenheit bis hin zu Abscheu – die Kinder eher anfeuern.

Trotz aller Ratschläge meinerseits wird unser Alltag in den kommenden Tagen unverdrossen mit verbalen Delikatessen bereichert. Mein Lieblingswort ist »Wigger«. Ich höre es zum ersten Mal, als sich Waldemar, der als Einziger bei Konflikten noch Körperkräfte einsetzen muss, an Sülos Arm festgebissen hat:

»Du Wigger, du blöder Wigger, hör auf. Du bist ein Wigger.«

Wigger klingt niedlich, aber Sülo schreit es Waldemar mit so viel abgrundtiefer Verachtung entgegen, dass vollkommen klar ist, es musste sich um ein sehr kraftvolles Zauberwort handeln.

Nachdem ich mich um den Konflikt der beiden gekümmert habe, frage ich Sülo, was denn ein Wigger sei. Er sieht mich aus seinen braunen Augen bedeutungsschwanger an und antwortet geheimnisvoll, dass dies ein furchtbar schlimmes Wort sei, er hätte es von seinem Bruder, und der wiederum hätte es aus der Schule, denn der große Bruder ist ja jetzt schon in der ersten Klasse. Die Mama sagt nämlich immer, wenn er was Schlimmes macht oder sagt: »Das hast du bestimmt aus der Schule!«

Als ich Gül am nächsten Tag frage, was ein Wigger sei, antwortet sie mir heiter: »Also, das ist ein Irrtum, den wir nicht aufklären. Sein Bruder bringt immer so entsetzliche Schimpfworte von der Schule mit nach Hause, dass ich schon ganz aufgelöst bin. Er sagt seit Neuestem so was wie …« – und dabei wird ihre

Stimme verschämt leiser –, »Wichser und Ficker. Und Sülo versteht die Bedeutung dieser Wörter natürlich nicht, er kann sie sich auch nicht gut merken, deshalb sagt er meist Wigger.«

Obwohl ich eigentlich tunlichst darauf achte, die Sprache der Kinder zu fördern, halte ich es in diesem Fall durchaus für clever, mich der elterlichen Vorgehensweise anzuschließen und diesen sprachlichen Fehler bei Sülo nicht zu korrigieren.

Wigger gehört alsbald zu den Lieblingsschimpfwörtern unserer Gruppe, da jeder weiß, es kommt vom großen Bruder aus der Schule. Und Schule und großer Bruder sind gleich zwei heilige Dinge, denen vollkommen unkritische Huldigung aus dem Kindergarten zuteil wird.

So weit, so gut.

Bis wir uns zur wöchentlichen Teamsitzung versammeln (die übrigens in den Siebzigern den stolzen Titel »Bezugspersonenkollektivkonferenz«, kurz BpkK, trug – das hatte ich mit Alexandra in den wunderbaren Kindergarten-Qumran-Rollen entdeckt).

Meine Kollegin Grit sitzt mit verschränkten Armen da.

»Du musst etwas unternehmen, meine Vorschulkinder werden ständig von deinen Knirpsen beschimpft und wissen gar nicht mehr, wie sie sich verhalten sollen, denn sie dürfen ja nicht zurückschimpfen.«

»Nicht nur Deine Großen. Ich wurde auch schon von den neuen Eltern gefragt, ob dieser Umgangston bei uns üblich ist!«, stimmt Kollegin Elli mit ein, die in diesem Jahr mit einer Gruppe von dreijährigen Kindern gestartet ist.

Im ersten Augenblick will ich wie eine Löwenmutter meine Lieblinge verteidigen, doch dann muss ich mir eingestehen, dass die Phase der üblen Wortblumen nun doch schon sehr lange anhält.

»Ihr habt recht, ich werde mal mit meinen Kindern reden.«

Ein Gespräch mit meinen Süßen fällt auf fruchtbaren Boden. Es wissen ja alle, dass diese Wörter, so lustig sie klingen, nicht ganz in Ordnung sind. Wir treffen eine feste Vereinbarung miteinander, und alle versprechen feierlich, ab sofort die elegantesten Umgangsformen zu praktizieren. Ein schlagendes Argument ist die Tatsache, dass (außer Hubertus) jetzt alle bereits vier Jahre alt sind und die tiefe Reife in sich spüren, den neuen, jüngeren Kindergartenkindern leuchtende Vorbilder zu sein.

Zumindest in der Theorie. In der Praxis sieht es so aus, dass das Lustgefühl in Verbindung mit dem Aussprechen von Wörtern wie zum Beispiel »Pipikakkaarschi« unverdrossen anhält, man aber weiß, dass es falsch ist, deshalb sofort eine lapidare Entschuldigung hinterherschiebt, und falls eine Erzieherin in der Nähe ist, diese Entschuldigung noch mit einer großartigen schauspielerischen Leistung des ehrlichen, wahrhaftigen, reumütigen Bedauerns anreichert.

> »Halb sind die Sünden, matt ist unsre Reue,
> Und unsre Beichte macht sich fett bezahlt,
> Nach ein paar Tränen rein die Seele strahlt
> Und wandert froh den schmutzigen Pfad
> aufs neue.«

(Ich zitiere hier aus den *Blumen des Bösen* von Baudelaire. Wenn ich schon unverfroren Titel klaue, scheint mir mal ein Verweis aufs Original angebracht.)

Als Nächstes versuche ich es auf die philosophische Tour. Hedonismus wird ja fälschlicherweise oft abwertend als egoistische und dekadente Lebenseinstellung interpretiert. Als bekennende Hedonistin bevorzuge ich natürlich die ursprüngliche, philosophische Deutung: Vergnügen, Lust, Genuss und Freude sind wertvoll und gut. Unlust gilt es zu vermeiden. Und wer hat's erfunden? Natürlich die Griechen, auf gar keinen Fall die Schweizer. Ein bisserl zügeln sollte man den Hedonismus schon, sonst kann das schnell einen Staat ruinieren. Hätten sich die Griechen doch lieber an Epikur halten sollen, der zwischen vernünftigen und unvernünftigen Begierden unterscheidet. Das Zügellose führt nur kurzfristig zu Lustzuwachs, zieht aber, längerfristig praktiziert, Unbill nach sich.

Da sich die Kinder, die ich übrigens für die wahren Meister des reinen Hedonismus halte, noch sehr wenig mit Epikur beschäftigt haben, ist es die Aufgabe von Erwachsenen, auf gewisse Langzeitwirkungen des unvernünftigen Auslebens von Späßchen aufmerksam zu machen.

»Ihr werdet euch keine Freunde machen, wenn ihr immer so frech zu den anderen Kindern seid. Irgendwann will keiner mehr mit euch spielen, wenn er bei der kleinsten Meinungsverschiedenheit gleich ein Schimpfwort von euch zu hören bekommt.« So. Das war ein Hinweis auf die Langzeitfolgen. Jetzt gilt es noch, auf angemessene Art die Lust zu befriedigen: »Ich weiß, dass ihr diese Wörter so überaus lustig findet und Spaß daran habt. Deshalb machen wir jetzt einen Stuhlkreis, und jeder darf die allerschlimmsten Sachen sagen oder selbst böse Wörter erfinden.«

Die Kinder sind von dieser Idee hellauf begeistert. So schnell haben sie noch nie einen Stuhlkreis aufgebaut. Ich habe nur eine einzige Regel aufgestellt: Kein Wort durfte zweimal gesagt werden, also muss man sich immer neue, schlimme Wörter ausdenken.

Sülo, wie aus der Pistole geschossen: »Wigger!«

Jaron: »Pupsikakka!«

Hubertus, wie immer sprachlich sehr geschickt, nutzt die Umkehrung: »Kakkapupsi!«

Tamaki: »Blöde.«

Waldemar: »Pupsikakka.«

»Nein, Waldemar, das gilt nicht, das hat schon der Jaron gesagt. Sag ein anderes böses Wort.«

Waldemar, nach längerem Überlegen: »Arsch.«

»Prima, Waldemar, das ist was Neues.« Waldemar funkelt mich unzufrieden an. Es gefällt ihm sichtlich nicht, ein Lob für dieses Wort zu kassieren.

Fini: »Blöde Kuh.«

Lucille: »Schmutzfink.« (Woher sie das hatte, war klar.)

Fini: »Zicke!«

I.I.: »Dramaqueen.«

Schorschi: »Maatz, Luader, Depp, Saudepp, Arschloch ...« Eine Salve schönster bayrischer Schimpfwörter prasselt auf uns nieder.

Laetizia, etwas hilflos: »Wenn jemand immer so arrogant ist?«

»Toll, Laetizia, du kennst ein schwieriges Wort wie arrogant! Du kannst dann sagen, du Arrogante, oder wenn es ein Mann ist, du Arroganter.«

Laetizia, sehr zufrieden: »Du Arroganter!«

Waldemar kann jetzt nicht mehr an sich halten. Er springt auf und schleudert uns zornig ein: »Kakkaarschpipikakkapupsikakka« entgegen.

»Bravo Waldemar, die Wörter hatten wir zwar schon alle, aber du hast ein ganz langes Wort daraus gemacht.«

Waldemar setzt sich, noch unzufriedener als zuvor.

Zoe, nach langem Überlegen: »Kaktuspipi.«

Kaktuspipi ist als Wortschöpfung der volle Stimmungsanheizer. Jetzt kommt eine Runde mit Staubsaugerpipi, Tischpipi, Flugzeugpipi, Malstiftpipi ... Eine Viertelstunde später sind so ziemlich alle Wörter, deren sie mächtig sind, verbraucht. Als Lenzi sein »Gießkannenpipi« auspackt, gibt es noch mal einen kurzen Lacher, weil das gar so gut passt, aber dann wollen alle aufstehen und wieder spielen.

Wir machen jetzt jeden Tag den Stuhlkreis der schlimmen Wörter. Und weil sie nun Teil unseres Alltags sind, hören die Kinder langsam auf, sie auch noch in der Freispielzeit zu gebrauchen. Abnutzungseffekt.

Als ich die Kinder zwei Wochen später wieder mal zum täglichen gemeinsamen Schimpfen zusammentrommeln will, entgegnet mir Waldemar unter stummem Beifall der anderen Kinder genervt, ich sei gemein, weil ich ihn ständig zwinge, Pupsikakka und andere Wörter zu sagen, er wolle lieber spielen. Nun, ich will keinesfalls gemein sein, und wir vereinbaren dann, den Stuhlkreis des Bösen nur mehr zu machen, wenn sie Lust dazu haben.

Ich habe jetzt selbst Lust bekommen, eine krude Satzblume zu kreieren, und ende dieses Kapitel über Sprachförderung mit: Der lustvollen Begierde Tod kommt aus der Hand der Sättigung.

Ich höre was, was du nicht sagst

Poch ... Poch ... Poch. Was ist das für ein Geräusch? Es vermischt sich mit dem aufdringlichen Klingelton des Weckers: Poch ... Poch ... Ich will meinen Kopf heben, doch ein schweres Stahlband umschließt ihn und drückt mich zurück ins Kissen. Heute ist Samstag, ich kann ausschlafen, aber mein Arm ist bleischwer, als ich ihn anhebe, um wenigstens den Wecker zum Schweigen zu bringen. Poch ... Poch ... Poch ... Langsam eruiere ich die Quelle des Pochens. Es scheint in meinem Kopf zu sein. Es dauert einige Minuten, ehe ich die Realitäten des Tages registriere: Die Sonne scheint gnadenlos durchs Schlafzimmerfenster, und ich habe einen Riesenkater, dessen Ursache wahrscheinlich in der gestrigen Kindergartenparty liegt.

Wie jedes Jahr haben die Eltern aller Gruppen ein gemeinsames Fest organisiert. Diesmal haben wir die Party mit der Dokumentation der sehr linken Vergangenheit des Kindergartens gekoppelt. Alexandra und ich haben uns zu diesem Zweck Stellwände von der benachbarten Schule ausgeliehen, damit wir die erbeuteten Siebziger-Schriften präsentieren konnten. Unser Turnraum wurde in einen Party- und Ausstellungsraum verwandelt. Exakt über einem vergrößerten Schriftzug von 1972, der unnützes Konsumverhalten und Münchner Partygesellschaften anprangerte, hing eine traurige rotgekringelte Luftschlange. Diese Kombination hatte etwas ungeheuer Surreales. Die Dokumentation war (ungeachtet der bedeutungsschwangeren müden Luftschlange) ein voller Erfolg und sorgte während der Party für Gesprächsstoff und Lacher. Einige Eltern hatten die Idee, diese Ausstellung sogar der örtlichen Presse zur Verfügung zu stellen.

Alexandra saß im intellektuellen Existenzialistenhabitus – schwarze Hose, schwarzer eng anliegender Rollkragenpullover und kunstvoll verwuschelte Haare –, die Arme lässig auf der Rücklehne eines Sofas platziert, neben den Stellwänden und gab anderen Eltern Interviews zur antiautoritären Bewegung. Ich spürte gerade einen gewissen Ärger darüber aufkeimen, dass sie sich souverän als alleinige Entdeckerin und Heldin der Vereinsvergangenheit präsentierte, als sich Zsófia neben sie setzte.

Zsófia. Eine kleine, dralle, aber wohlproportionierte Ungarin. Ihr Sohn David war für ein paar Wochen Gastkind in meiner Gruppe, damit er etwas Deutsch lernte. Der einzige Satz, den er bisher konnte, war: »Ich liebe dich«. Das sagte er mehrmals am Tag zu mir und zu anderen Kindern, und ich fand seinen Ansatz sehr gut. Kein Wunder, dass sich David bei allen größter Beliebtheit erfreute. Auch die temperamentvolle Zsófia ist sehr charmant und findet mit ihrer natürlichen Art sofort guten Kontakt zu allen Eltern. Sie ist einer jener Menschen, die so zufrieden mit sich sind, dass Verstellung, Scheu oder anderer Manierismus nicht nötig sind.

»Du musst Push-up-BH tragen!«, meinte sie jetzt leutselig zu Alexandra und lächelte sie freundlich an, während sie liebevoll ihre Schulter tätschelte.

Alexandras Rücken versteifte sich, und sie sah Zsófia befremdet an: »Meine Brust ist, wie du siehst, nicht so riesig, dass ein BH zur Bändigung nötig wäre.«

Da hatte sie faktisch vollkommen recht. Alexandras Brüste als Mückenstiche zu bezeichnen, wäre schon übertrieben.

»Oh, oh, seh ich doch, dass du nix hast. Mein Schwester hat auch nix. Ich hab.« Und dabei streckte sie Alexandra ihr üppiges Dekolleté auffordernd zur Begutachtung entgegen. »Mein Schwester hat kein Mann gekriegt, weil sie nix hatte. Dann hat sich Plixi-BH gekauft, und jetzt hat Mann!«

»Erstens habe ich bereits einen Mann, zweitens würde ich nie einen BH tragen«, entgegnete Alexandra kühl.

»Musst du aber trotzdem unbedingt Plixi-BH tragen, der macht sogar dir ein schöns Brüsterl«, fuhr Zsófia ungerührt fort.

Ehe sichs Alexandra versah, war sie zum Amüsement aller Herumstehenden mit Zsófia in eine Brüsterldiskussion verwickelt. Mit ihrem intellektuellen Gehabe zum Zwecke der analytischen Betrachtung der antiautoritären Bewegung war es damit vorbei.

Ohnehin wurde es im Laufe des Abends ja immer lustiger. Der eigentliche Event, den die Partyorganisatoren sich für den Abend ausgedacht hatten, war nämlich nicht von schlechten Eltern (ha, ha!): Wir singen Karaoke! Vorher wurden natürlich alle Eltern mit Cocktails abgefüllt.

Ein teuflischer Plan, der aufging. Mein kleiner blasser Siggi, Finis Vater, stürzte nach zwei Caipies als Erster auf die Bühne und sorgte mit einem gebrüllten »I wü ham nach Fürstenfeld« gleich für die richtige Stimmung. Dann zerrte er seinen Kumpel Oskar – der hatte bestimmt schon mehr als zwei Cocktails – ebenfalls aufs Sängerpodest. Oskar entschied sich für eine Ballade, »Hallelujah« von Leonard Cohen. Ich glaube, für alle Partygäste waren es die qualvollsten fünf Minuten ihres Lebens. Oskar bestritt das Werk unter der Verwendung von nicht mehr als zwei Tönen (oder eher eineinhalb), die er abwechselnd einsetzte. So können aus fünf Minuten schnell gefühlte zwanzig werden. Ich bin nicht ganz sicher, ob der brandende Applaus, der nach Ende des Stücks einsetzte, von Schadenfreude, Mitleid oder schierer Erleichterung genährt war.

Jetzt konnte ich diese Japaner verstehen, ich hatte ja keine Ahnung, wie lustig Karaoke in betrunkenem Zustand war. Als Nächstes standen Jekaterina und Vera auf der Bühne, wippten lässig mit den Füßen und den Hüften, während alle dem Intro von »The winner takes it all« lauschten. Ich war gespannt. Würden die beiden agneta-und-annifrid-gleich zweistimmig anstimmen? Das wäre eine tolle Leistung. Sie standen Rücken an Rücken. Das sah verdammt nach sorgfältig eingeübter Choreografie aus. Sie wippten. Gleich geht's los –

Oh, sie haben den Einsatz verpasst. Dann also zur nächsten Strophe.

Sie wippten heftiger.

Oh, schon wieder verpasst.

Sie wippten weiter, den Takt hatten sie mit ihren

ganzen Körpern aufgenommen. Das kleine Doppelkinn von Vera vibrierte, und ihr orange-rotes Hippiekleid (wo gibt's die eigentlich noch zu kaufen?) schwang anmutig. Jetzt – jetzt – jetzt kommt gleich noch mal der Einsatz ...

Irgendwann war der Song dann zu Ende, ohne dass die beiden einen Ton dazu beigetragen hätten. Was soll ich sagen: Der Saal tobte!

Leider kann ich meine Antennen für Kinder auch während der schönsten Party nicht ausschalten, deshalb sah ich aus den Augenwinkeln, wie Waldemar Jaron im Würgegriff hatte, und der machte augenblicklich ein Gesicht, das ganz und gar nicht mehr nach lustigem Kräftemessen aussah. Ich bat Anne und Oskar, ihren Waldemar schnellstens davon abzuhalten, seinen Freund zu erwürgen. Sobald die eigenen Eltern im Kindergarten sind, ist meine Autorität bei den Kleinen nämlich wie eine Nachttischlampe ausgeknipst. Kinder haben ein überaus feines Gefühl für Hierarchien.

Dass ein paar Kinder auch abends bei Veranstaltungen dabei sein dürfen, ist nichts Ungewöhnliches. Normalerweise geht ein Elternteil einfach früher nach Hause, oder die Kinder werden irgendwann in ihren vertrauten Gruppenräumen schlafen gelegt, sodass die Ernährer Gelegenheit haben, ohne Stress und Zeitlimit ausgiebig zu feiern.

Waldemars Augen waren vor Müdigkeit klein und gerötet, das sahen auch seine Eltern. Auf ihren Vorschlag, doch schlafen zu gehen, reagierte er wütend, also ließen die Eltern ihn schulterzuckend weitertoben. Kurze Zeit später stieß er ein kleineres Mädchen vom Klettergerüst, weil es ihm nicht sofort Platz gemacht hatte, fünf Minuten danach biss er Jaron, weil dieser wieder mal eines seiner geliebten Prinzessinnenkleider trug, und das sollte er nicht, denn Jaron sollte mit ihm Pirat spielen.

Waldemar machte mir Sorgen. Er konnte generell seine Emotionen nicht besonders gut kontrollieren, und wenn er übermüdet war, war damit gar nicht mehr zu rechnen. Auch die bloße Anwesenheit seiner Eltern sorgte gewöhnlich für vermehrte Konflikte mit anderen Kindern. Ich beschloss, Anne und Oskar in den nächsten Tagen wieder mal um ein Elterngespräch zu bitten, war aber jetzt erst mal froh, dass sie endlich mit ihrem Zögling nach Hause gingen. Johanna, die am selben Tisch wie sie saß, versorgte Jarons blutende Bisswunde und sah die beiden dabei mit stummem Vorwurf an.

Beim Hinausgehen hörte ich noch Oskar: »... und wenn du jetzt ohne Theater mitgehst, bekommst du ein Stück Schokolade, sobald wir angekommen sind ...«, dann wandte ich meine Aufmerksamkeit wieder dem fortgeschrittenen Partygeschehen zu.

Finis Mutter Vera nutzte seit einiger Zeit kichernd die Kinderrutsche – an und für sich noch nichts Besonderes, wenn nicht an ihrem Rücken ein Steuerberater (gekleidet in edlen Anzugszwirn und mit obligatorisch dezenter Seidenkrawatte) aus der Nachbarsgruppe kleben würde, der beim Rutschen ständig versuchte, Veras orange-rotes Wallekleid nach oben zu schieben, um seine Hände auf ihren üppigen Oberschenkeln zu platzieren.

Auf der Karaokebühne stand seit einer halben Stunde eine ältliche Boygroup bestehend aus sechs Vätern, verführerisch Elvis the Pelvis oder auch Michael Jackson nachahmend.

»Wo haben sie denn die aufgetaut?«, hörte ich hinter mir einen Jugendlichen frech zu seinem Freund raunen.

In Gedanken antworte ich: So tanzt man eben, wenn man seine wesentliche musikalische Sozialisation in den Neunzigern absolviert hat.

Blankes Entsetzen. Jetzt fassten sie sich auch noch synchron in den Schritt! Was zum Teufel waren das für Cocktails! Ich beschloss, die Bar zu inspizieren. Und mir wurde sofort klar, was gespielt wurde. Anscheinend war die Bar einigen der größeren Schulkinder überlassen worden. Ein paar von ihnen hatten eine effektive Produktionskette zur Massenherstellung von Caipirinhas und Aperol Sprizz gebildet. Der winzige Schuss Soda, der letzteren abrunden sollte, wurde durch einen überaus großzügigen Schuss Wodka ersetzt. Und der Caipi bestand aus purem Alkohol mit viel Zucker und einem Hauch Limettensaft.

Ich hörte die zarte Yüjin bestellen: »Bitte, wenn es nicht zu viel Mühe ist, eine Cocktail mit nur eine kleine Menge von Alkohol.«

»Ist klar, ganz wenig Alkohol, verstanden«, meinte der Barjunge und gab an die Produktion weiter: »Caipi spezial, aber schnell!«

Die Jungs grinsten sich an, und ich beobachtete, wie Yüjin denselben mörderischen Drink wie alle anderen bekam.

»Hallo, Anna, willst du auch einen?«, fragte mich der Junge charmant. Er war zwar etwas beleibt, sah dabei aber gut aus. Außerdem hatte er ungefähr ein

Kilo Metall an einem Ohr hängen. Er war wirklich sehr lässig gestylt und strahlte mich an.

Ich versuchte mich zu erinnern, und dann hatte ich ihn mit einem Schlag wieder aus den Tiefen meines Gedächtnisses hervorgekramt: »Oh, du bist der kleine Basti, der so gut klettern konnte und sogar an den glatten Haltestangen in der U-Bahn wie ein Affe hochgeflitzt ist!«

Jetzt hatte ich sein Aussehen als Kind wieder klar vor Augen. So gestochen klar, als hätte ich ihn erst gestern auf meinem Arm herumgetragen. Er war damals ein unglaublich zierlicher und charmanter Frechdachs mit riesigen braunen Augen, viel zu langen und zu dünnen Beinen und Armen und ständig verstrubbeltem Haar. Ich strahlte zurück und umarmte ihn. Auch er freute sich sichtlich über das Wiedersehen und erzählte mir die Neuigkeiten aus seinem Leben. Dass es ihm in der Schule schlecht gegangen wäre, weil er lieber mit seinen Kumpels und seiner Band abgehangen hätte, statt zu lernen, aber jetzt würde er bald Abi machen und es ginge ihm gut. Kummervoll zwickte er an seinem Bäuchlein herum: »Nur für Sport habe ich im Moment keine Zeit mehr, aber nach dem Abi lege ich wieder los. Möchtest du jetzt einen von unseren super Cocktails?«

»Nee, danke. Ich hab gesehen, was ihr da zusammenbraut. Da waren ja eure Giftsuppen, die ihr als Kinder gebraut habt, noch bekömmlicher. Aber du kannst mir ein Bier aus dem Kühlschrank geben.«

Etliche Biere später habe ich mich dann auch Arm in Arm mit ein paar Müttern auf der Bühne wieder gefunden. Und ich kann mich noch dunkel daran erinnern, dass ich mir später mit irgendeinem Vater ein

Duellsingen mittels bayrischer Gstanzl geliefert habe. (Schon richtig: nicht Duettsingen, sondern Duellsingen! Gstanzl muss man frisch und frei erfinden, und sie sollen die Schwächen des Besungenen aufgreifen, ohne zu sehr zu verletzen. Reimen muss sich das Ganze natürlich auch noch. Das funktioniert genauso wie ein MC-Battle. Ein paar seichte Beleidigungen und jede Menge Angeberei gehören auch zum »Aussingen«, wie man das in Bayern nennt. Wer die besseren Verse hat, gewinnt.) Wer an diesem Abend gewonnen hat, kann ich nicht mehr sagen. In meiner Erinnerung war ich brillant.

Nach Hause ging ich dann so gegen vier Uhr, da war die Party aber noch am Kochen. Yüjin begleitete sich selbst am Klavier und sang in hemmungsloser Lautstärke bekannte Musicalmelodien. Zoes Papa flirtete mit derselben Hemmungslosigkeit mit Lesbe Gine und zwinkerte mir von Weitem zu: »Schau, ich habe eine neue Eroberung gemacht«, und Gine zwinkerte mir ebenfalls zu: »Er hat ja keine Ahnung.«

Für ein rauschendes Fest kann man schon mal mit etwas Kopfweh bezahlen, resümierte ich und beschloss, dieses Wochenende meiner Gesundheit zu weihen: Gemüsesäfte, frische Luft, ein paar Gymnastikübungen, einen Tag ohne Nikotin usw. Und am Montag würde ich mit den Eltern von Waldemar reden müssen, denn sein Verhalten an diesem Abend ging mir nicht aus meinem eh schon arg gebeutelten Kopf.

Elterngespräch. Beide Eltern sitzen mit verschränkten Armen und abwehrender Miene mir gegenüber im Büro. Das wird wieder ein schwieriges Gespräch werden, so viel ist abzusehen.

»Wie geht es dir in der Schwangerschaft?«, starte ich mit einem Blick auf Annes Rundungen.

Anne lächelt jetzt und löst die Arme. »Das Schlimmste habe ich hinter mir, und meine Mutter unterstützt mich sehr. Ich wohne ja jetzt wieder bei ihr. Oskar und ich haben vereinbart, dass ich erst wieder zurückkomme, wenn er sein Studium abgeschlossen hat (wobei Oskar gar nicht nach Vereinbarung aussieht, sondern eher nach Opfer eines Ultimatums), deshalb ist es kein Wunder, dass Waldemar etwas von der Rolle ist, das war natürlich auch für ihn eine große Umstellung. Ich sage das nur, weil ich schon weiß, dass du Waldemar nicht verstehst und er immer der Schlimme in der Gruppe ist.«

»Außerdem hatte Jaron Geburtstag, und alle Jungs außer Waldemar waren eingeladen, das war doch gemein von ihm, kein Wunder, dass Waldemar dann nicht gut auf ihn zu sprechen ist und ihn öfter haut oder beißt«, ergänzt Oskar.

Die beiden fahren schon wieder die volle Verteidigungslinie. Absolutes Verständnis für das Verhalten ihres Sohnes. Aber Kinder brauchen nicht nur Liebe und Verständnis, sondern auch Reibung und Grenzen.

Der Hintergrund ihres verwöhnenden Verhaltens ist mir klar. Beide Eltern sind sehr streng erzogen worden (Anne noch dazu streng katholisch) und versuchen nun, Waldemar alle Versagungen zu ersparen. Es soll ihm besser gehen als ihnen selbst während ihrer Kindheit. Da Anne ganztags arbeitet, spielt vielleicht auch ihr schlechtes Gewissen, nicht genug Zeit für ihr Kind zu haben, eine Rolle. Leider ersetzen Unterforderung und teures Spielzeug keine Erziehung, im Gegenteil. Diese Art von Wohlstandsvernachlässigung führt dazu, dass Kinder kein Selbstvertrauen ausbilden können. Wenn Kinder nicht die ersten Grenzen von den geliebten Eltern erfahren, ist es schwer für sie, die Grenzen anderer zu sehen und zu respektieren, ohne in ihrem Selbst gekränkt zu werden.

»Weißt du, warum Jaron deinen Waldemar nicht zum Geburtstag eingeladen hat?«, frage ich Oskar.

Schweigen.

»Jaron hat mir erzählt, er will an seinem Geburtstag nicht gehauen werden«, konfrontiere ich die beiden mit der schlichten Wahrheit.

»Er haut doch nur, weil ihn die anderen nie mitspielen lassen«, sagt Anne

»Und wie erklärst du dir den Vorfall bei der Party, als er einfach das kleine Mädchen vom Klettergerüst geschubst hat?«, insistiere ich.

»Willst du damit sagen, unser Sohn sei aggressiv gegen Kleinere! Das Mädchen war doch selber schuld, wenn sie nicht zur Seite geht.«

So. Das ist der Zeitpunkt, an dem mir wieder einmal der Kragen platzt und ich alle Regeln der sinnvollen Gesprächsführung beiseitewische: »Ihr gebt einer Zweijährigen die Schuld, weil sie zu langsam ist?! Das darf doch wohl nicht wahr sein! Und umgekehrt, die anderen lassen ihn manchmal nicht mitspielen, weil er immer haut und stört! Dass Störung belohnt wird, hat er von euch gelernt. Am Partyabend habt ihr ihm auch noch Schokolade versprochen, anstatt ihn einfach mit nach Hause zu nehmen und deutliche Grenzen zu setzen und klipp und klar zu sagen, dass Hauen, Beißen und Schubsen verboten sind! Ich führe hier mit euch alle paar Monate dasselbe Gespräch über Grenzen! Waldemar sollte von euch lernen, dass er Aufmerksamkeit bekommt, ohne etwas anzustellen. Ihr reagiert immer gleich, wenn Waldemar in der Abholzeit, also in eurer Anwesenheit, Grenzen bei anderen Kindern übertritt und sie körperlich attackiert. Dann nehmt ihr ihn auf den Schoß und redet eine halbe Stunde auf ihn ein. Das nennt man ein Paradebeispiel für negative Verstärkung! Und wie ihr auf ihn einredet! Ihr streichelt ihn dabei und textet ihn lieblich säuselnd zu und hofft, dass er irgendwann versteht, was ihr ihm erklärt. Aber Waldemar hat gar keine Chance, die eigentliche Botschaft zu verstehen, wenn ihr auf der nonverbalen Ebene genau das Gegenteil praktiziert. Eine Nachricht ist immer nur so gut wie das, was beim Empfänger ankommt. Ihr müsst bei Fehlverhalten kurz, präzise und klar sein! Und Belohnung in Form von Aufmerksamkeit und liebevoller Zuwendung sollte Waldemar an anderer Stelle bekommen!«

Halbherzig versprechen mir Anne und Oskar am Ende des Gesprächs, in Zukunft auf diese Dinge zu achten, und mir ist klar, dass ich in ein paar Monaten wieder ein ähnliches Gespräch mit ihnen führen werde. Waldemar tut mir leid, und ich verspüre auch Wut in mir, weil es mir nicht gelingt, den Eltern klarzumachen, wie sehr sie ihm mit ihrem Verhalten schaden. Diese Wut richtet sich sowohl an die beratungsresistenten Eltern als auch an mich und mein Unvermögen, einfachste pädagogische Inhalte zu vermitteln.

Was mache ich falsch? Anne und Oskar hören von mir, dass ihr Kind nicht in Ordnung sei, sagen will ich aber, dass Waldemar ihre Unterstützung braucht. Ich sage was, was du nicht hörst. Oder umgekehrt: Ich höre was, was du nicht sagst.

Helau, Jesus

> Ich muss jetzt jeden Tag eine Uniform anziehen, wenn ich in den Kindergarten gehe. Die Uniform ist nicht schön. Wir müssen viel lernen und dürfen uns nicht schmutzig machen. Alle sind sehr streng zu uns Kindern, und ich mag Frau Eguchi nicht. Die passt jetzt auf mich auf. Ich möchte lieber bei euch sein und vermisse euch sehr. Hoffentlich bin ich zum Faschingsfest wieder in meinem Kindergarten. Ich habe ein japanisches Prinzessinnenkostüm bekommen, das ist sehr schön, und ich will es zur Faschingsfeier anziehen, wenn ich wieder in Deutschland bin.
> Liebe Grüße an euch alle.
> Tamaki

Als ich fertig bin mit Vorlesen, ist es ganz still in unserer Gruppe. Alle vermissen Tamaki. Sie ist für einige Monate zurück nach Japan gefahren, weil ihr Vater an der Universität einer Präfektur, deren Namen ich vergessen habe, einen Lehrauftrag angenommen hat. Tamaki pendelt eigentlich zwischen drei Kontinenten, nämlich Asien, Europa und Amerika. Je nachdem, wohin der berufliche Werdegang der Eltern führt, manchmal ist es der Ruf einer Universität, die ihren Vater als Gastwissenschaftler einlädt, manchmal muss Yüjin, die Pianistin, auf Tournee.

Tamaki hat uns zwei Fotos mitgeschickt. Ich bin dankbar, dass es nicht die übliche Mailnachricht mit Anhang ist, denn ein glänzendes Foto in der Hand zu halten, ist von ganz anderer Qualität. Ein Foto zeigte sie inmitten ihrer japanischen Kindergruppe. Sie trägt ein hellblaues Trägerröckchen mit weißer Bluse und dunkelblauem Halstuch. Alle anderen Mädchen tragen dasselbe. Lediglich die Schuhe sind anscheinend nicht der Kleiderdiktatur unterworfen. Das ist sehr hilfreich, denn ich kann meinen Kindern sagen, Tamaki sei die mit den weißen Turnschuhen. Kinder achten nämlich auf primäre Merkmale, und als Fini sagte, auf dem Foto seien ganz viele Tamakis, ist mir das auch wieder eingefallen. Die Jungs schnauben verächtlich, als sie das Gruppenfoto sehen. Die japanischen Kindergartenjungen stecken in kurzen, hellblauen Trägerhosen mit weißem Hemd. Hellblaue Trägerhosen!

»I bin oba scho froh, dass i koa so a Babyhosn oziagn muas«, bemerkt Schorschi.

Auf dem anderen Foto trägt Tamaki einen leuchtend gelben bestickten Kimono und eine bezaubernde passende Kopfbedeckung. Zweifellos das erwähnte Prinzessinnenkostüm.

»Ich werde im Fasching auch eine Prinzessin«, lässt Laetizia verlauten.

»Ich doch auch, oder eine Arielle«, ruft I.I.

»Und ich ein Prinz«, kommt von Jaron (natürlich).

»Ich möchte ein Olchi sein«, sagt Lucille bestimmt. Olchi-Bücher lesen wir gerade exzessiv in unserer Gruppe. Olchis sind stinkende Wesen, die im Müll wühlen, Müll essen und ständig Dinge sagen und tun, die mit den üblichen Umgangsformen wenig gemein haben.

»Und ich möchte ein Grashalm sein.«

Das war Zoe. Ich betrachte sie. Ein zarter, dünner, den Kräften des Windes unterworfener Halm. Das passt. Zoe leidet unter der Trennung ihrer Eltern, nässt wieder ein und hat Ängste. Sie traut sich nicht mehr alleine auf die Toilette, zur Küche, hat Angst vor den älteren Jungs, die zugegeben manchmal etwas lauter sind, sie hat Angst vor allem Neuen und klammert sich extrem an Erwachsene. Die meiste Zeit trage ich sie im Arm herum. Sie braucht das jetzt. Ich bin froh, dass sie noch so zierlich ist, ich sie also locker auf eine Hüfte setzen kann und immer noch einen Arm frei habe. Und alle Kinder spüren Zoes Zustand und haben instinktiv Verständnis. Es gibt keinerlei Eifersucht, im Gegenteil, alle helfen Zoe und begleiten sie händehaltend durch den Kindergartenalltag.

Besonders ergriffen bin ich, als wir unsere monatliche Kinderversammlung abhalten. In diesem Forum darf jedes Kind erzählen, was ihm gerade wichtig ist.

Laetizia steht auf und spricht mit leiser, aber fester Stimme zu etwa siebzig anderen Kindern: »Ich möchte nicht, dass unsere Zoe von den großen Jungs angeschrien wird.«

I. I. steht ebenfalls auf: »Ich will auch nicht, dass unsere Zoe angeschrien wird.«

Schorschi (schreiend): »Koaner derf Zoe oschrein!«

Nach und nach stehen alle Kinder meiner Gruppe auf und sagen alle dasselbe. Sogar Hubertus, der sich noch nie getraut hat, etwas zum Kinderplenum beizutragen, steht schließlich als Letzter auf und flüstert zaghaft: »Zoe darf man nicht anschreien.«

Meine ganze Gruppe steht jetzt, und es wird ganz still im Raum. Die älteren Jungs blicken verlegen zu Boden. Und Zoe? Zoe sitzt als Einzige noch auf ihrem Stuhl und senkt ihr blondes Köpfchen. Mit einem Fuß zeichnet sie unsichtbare Kreise auf den Boden.

»Also ich habe sie bestimmt nicht angeschrien«, räuspert sich schließlich Jonas.

»Ich weiß, Jonas«, beruhige ich ihn. »Lass uns einfach miteinander vereinbaren, dass wir alle besonders vorsichtig mit Zoe umgehen. Zoe, ist dir das recht?«

Zoe hebt langsam den Kopf, aber nur so weit, dass sie mir von unten in die Augen sehen kann. In ihrem Blick liegt eine Mischung aus ungeheurer Verlegenheit und unglaublichem Stolz, und sie nickt. Man darf auch stolz sein, wenn man sich der Solidarität und Freundschaft seiner ganzen Gruppe gewiss ist.

Wie sieht es derweil sonst an der elterlichen Paarfront aus? Jarons Eltern haben beschlossen, es noch mal miteinander zu versuchen, und ich sehe den Vater, den ich kaum kenne, weil er im letzten Jahr ganze zweimal im Kindergarten aufgetaucht ist, inzwischen öfter. Vor einem Jahr hatte ich ihm bereits vorgeschlagen, uns mit dem Pessachfest vertraut zu machen, damit wir in unserer Gruppe in alle bei uns vorhandenen Kulturen und Religionen etwas Einblick erhalten. Jetzt schlägt er sogar selbst vor, mit den Kindern zu diesem Anlass ungesäuertes Brot zu backen. Ich bin erstaunt. Die Wandlung von Saulus zu Paulus? Jaron gefällt es jedenfalls ausgesprochen gut, gelegentlich vom Papa abgeholt zu werden.

Oskar ist wandelndes Leiden. Er darf zwar Waldemar regelmäßig abholen, aber Anne bleibt standhaft und wohnt bei ihrer Mutter, solange er kein Examen vorweisen kann. Lustig, dass sich ausgerechnet erzkatholische Frauen des Sexstreiks zu ihren Zwecken bedienen. Waldemar mag seine Großmutter nicht besonders, weil sie immer so streng ist. Ich kann gut nachvollziehen, in welches Wechselbad der Erziehungsstile er hier geraten ist. Er besucht jetzt auch öfter Gottesdienste, zitiert aus dem alten Testament und betet im Kindergarten. Beten finden alle ziemlich interessant, zurzeit beten also alle. Laetizia erklärt, dass ihre Eltern gesagt haben, Gott und das Christkind gibt es gar nicht, sie glaubt aber schon, dass es einen Gott gibt, und das Christkind gibt es sowieso, es hat ja die Geschenke gebracht. Schorschi weiß, dass der Gott bei den Indianern Manitu heißt, und bei Sülo heißt er Allah (worauf Sülo erst erstaunt guckt, sich aber dann anscheinend doch vage erinnert, jedenfalls nickt er), und Hubertus erklärt, dass man in der Kirche nicht schwätzen darf, sonst wird man gekreuzigt. Das hat ihm sein älterer Bruder erzählt.

Wie auch immer, zwischendurch wird also das gemeinsame Spiel gerne unterbrochen, und man muss sich unter Waldemars Regie hinknien, um zu beten. Waldemar wird ziemlich sauer, wenn man nicht gehorcht, also achten wir immer darauf, zur Gebetszeit in der Nähe zu sein, um Körperlichkeiten zu verhindern.

Aus gegebenem Anlass haben wir kürzlich auch mal einen Ausflug gemacht und schauten uns eine schöne Barockkirche mit vielen dicken Engelchen an. Ich beobachtete, dass Hubertus Fini in die Seiten stieß, auf das Kreuz zeigte und ihr flüsternd erklärte, dass der da oben geschwätzt hätte. Fini war tief beeindruckt und nickte nur. Natürlich war sie zu clever, das Risiko einzugehen, ihm – wenn auch nur flüsternd – zu antworten.

Im Übrigen macht der aufkeimende religiöse Fanatismus unserer Gruppe auch vor der Kunst nicht halt. Eigentlich ist gerade Faschingszeit, trotzdem werden hauptsächlich Kreuze gemalt und gebastelt. Einmal hat Waldemar den Plan, ein Kreuz in Originalgröße herzustellen. Leider habe ich keine so langen Holzbalken, aber er gibt sich auch mit Pappe zufrieden. Am Ende ist sein Kreuz tatsächlich fast zwei Meter lang, und Waldemar bemalt es noch mit schwarzer Farbe.

Als Oskar kommt, um seinen Sohn abzuholen, will Waldemar sein gebasteltes Kreuz natürlich unbedingt mit nach Hause nehmen, also schleppt Oskar es mit seiner Dauerleidensmiene auf den Schultern durch die Stadt und muss die erstaunten Blicke der Passanten ertragen. Ein wirklich interessantes Bild. (Hab ich schon erwähnt, dass *»Oh Haupt voll Blut und Wunden«* in der Bachversion zu meinen absoluten Lieblingssongs gehört?)

»Voriges Jahr war ja 'ne Pleite«, stellt Elli fest.

»Warum, war doch lustig«, meine ich.

Wir besprechen gerade im Team, welches Thema

wir dem anstehenden Kinderfasching geben wollen. Voriges Jahr haben wir eine Pyjamaparty veranstaltet, da wir einen Bettenfabrikanten unter unseren Eltern hatten, und natürlich wollten wir das ausnutzen. Unser Turnraum war knöcheltief mit weißen Bettfedern bedeckt und mit Matratzen, Kissen und weißen Luftballons ausgestattet. Wir hatten für die Kinder einen Zauberer engagiert, der aber wegen der vielen Federn die ganze Zeit niesen musste. Das fanden die Kinder sehr lustig. Dass er nach zehn Minuten die Vorstellung abbrechen musste, ist eigentlich nicht weiter aufgefallen. Unser langsamster und schlafmützigster Praktikant hatte exakt denselben gestreiften Pyjama wie ich. Das fanden nicht nur die Kinder, sondern auch das Team und alle Eltern superlustig, und sie sparten nicht mit anzüglichen Witzen. Dem armen Praktikanten war es außerordentlich peinlich.

Das Faschingsthema legen wir immer in der gemeinsamen Teamsitzung fest. Wenn wir dies den Kindern überlassen würden, hätten wir jedes Jahr Piraten- oder Prinzessinnenfasching.

»Wir brauchen eh neuen Sand für die Sandkästen, wir machen eine Orientparty!«, sagt Elli nun so bestimmt, dass jedwede Diskussion hinfällig wird. Der Plan steht schnell fest: Unser Turn- und Partyraum wird sich in eine Wüste verwandeln, und den Sand werden wir danach benützen, um die Sandkästen im Garten wieder aufzufüllen. Unser Sand wurde nämlich kontinuierlich verspielt, das heißt, viele, viele Eimerchen werden den ganzen Sommer über von fleißigen Kinderhänden im ganzen Gelände verteilt.

Am Tag vor der Party dekoriert das Team gewöhnlich die halbe Nacht, so auch dieses Jahr. Es soll eine Überraschung für die Kinder werden. Die Sandsäcke sind bereits geliefert, und ein paar Eltern helfen uns. Aus meiner Gruppe haben sich Siggi und Mizzi dazu bereiterklärt. Endlich darf Mizzi sich künstlerisch austoben und die Wände mit einer Wüstenlandschaft bemalen, während Siggi hilft, die bereits gelieferten Sandsäcke vom Garten hereinzutragen.

»Pah, sind die schwer!« Keuchend schleppt Siggi den ersten Fünfundzwanzig-Kilo-Sack und leert ihn aus. »Ich weiß nicht, ob ich das lange durchhalte!«

»Wir helfen dir, das schaffen wir schon«, lächelt Gine, die hinter ihm hereintritt und locker zwei Säcke schultert.

Ich muss mich schnell abwenden, als ich Siggis Gesichtsausdruck sehe, damit er mein Grinsen nicht bemerkt. Verbissen trägt er dann auch immer zwei Säcke herein. Und als auch noch die große Caro Bavaria (das ist mein gedanklicher Spitzname für Lenzis Mutter, weil das gar so gut zu ihrer üppigen Figur passt) zum Helfen kommt und wie selbstverständlich ebenfalls zwei Säcke trägt, nimmt seine Verbissenheit noch zu. Und sie legt sich erst wieder, als eine Viertelstunde später Florian, ein junger Vater und Sportstudent, hereinschlurft und die Sandschlepperei beobachtet: »Ihr macht das vollkommen falsch. Es ist total ungesund, so viel auf einmal zu heben. Wir bilden lieber eine Kette und nehmen jeweils nur einen Sack. Das geht auch schneller.«

»Den Gedanken hatte ich auch schon, wir Männer sind halt für die Lösung solcher Aufgaben prädestiniert«, verbrüderte Siggi sich mit dem Neuzugang.

Nachdem wir den Sand verteilt haben, bauen wir mittels Decken und Tüchern noch ein paar Beduinenzelte mit Teppichen auf, installieren die Musikanlage und vergraben Hunderte von Schokoladengoldtalern im Sand.

Ich freue mich genauso wie die Kinder auf den nächsten Morgen. Das würde ihr erstes Faschingsfest sein, das sie so richtig mitfeiern! Letztes Jahr waren sie noch zu klein, und es lief so ab, dass sich fast alle schnellstens ihrer Kostüme entledigten und die Partyzone mieden, weil es ihnen zu laut, zu voll und zu fremd war.

Endlich ist es so weit. Ich bin schon früher in der Arbeit, um mich noch umziehen zu können und gleich zur Stelle zu sein, falls ein Kind angesichts der veränderten Umgebung die Krise bekommt. Ich erwarte meine Lieben als fetter Sultan und weiß, die nächste Stunde würde es meine vorrangigste Aufgabe sein, die schillernden Wesen, die durch die Eingangstür treten, gebührend zu bewundern und zu preisen.

Schorschi kommt als Polizist und erschießt mich erst mal. Fasching ist nämlich der einzige Tag im Jahr, an dem unser generelles Waffenverbot im Kindergarten aufgehoben ist, und das wird von den Jungs weidlich ausgenützt. Lenzi erschießt mich als Indianer, Sülo und Waldemar erschießen mich als Piraten, und sogar Jaron erschießt mich als Prinz.

Jaron trägt eine Paillettenbluse, eine orangeleuchtende Pluderhose und einen giftgrünen Umhang aus Glitzerstoff, dazu ein Diadem!

»Das ist eine Abendbluse von mir, und den Rest

habe ich genäht. Jaron hat darauf bestanden, sich alle Stoffe selbst auszusuchen«, erklärt Johanna stolz.

Achtzig Prozent aller Mädchen des Kindergartens sind wunderschön und als orientalische Prinzessinnen, normale Prinzessinnen, Feen, Arielles und so weiter verkleidet. Zoe tauchte tatsächlich vollkommen in Grün und sichtlich in einen Grashalm verwandelt auf und schnappt sich sofort eine Praktikantin, die sie auf den Arm nehmen soll. Lucille kommt entgegen ihrem Plan nicht als Olchi, sondern als Kameltreiber (da scheinen Kinga und sie einen Kompromiss eingegangen zu sein). Sie zieht ein Stoffkamel an einer Leine hinter sich her und macht dabei einen sehr zufriedenen Eindruck. Als Kinga außer Sichtweite ist, verlangt sie Schminkfarben von mir und malt sich mit brauner Farbe noch eine Menge Schmutz ins Gesicht, weil Kameltreiber immer schmutzig sein müssen.

Und dann kommen Hermine und Dietrich und bringen Hubertus als allerliebsten Marienkäfer verkleidet!

»Ist mein Baby nicht süß? Und ich sag auch gleich tschüss, ich muss zum Pilates.« Sie drückt ihrem Marienkäfer einen Kuss auf die Backe und entschwindet. Und Dietrich klopft Hubertus auf die Schulter: »Ich muss an die Uni, viel Spaß, mein Großer!«

Mein Großer! Das ist ja Satire pur! Vor mir steht ein zutiefst unglücklicher Marienkäfer. Hubertus hat natürlich sofort registriert, dass alle Jungs coole Verkleidungen und Waffen haben, und er – er steht in der Mitte des Flurs mit rot bemalten Bäckchen, schwarzer Strumpfhose und T-Shirt und einem schaumstoffgekrümmten Käferpanzer auf dem Rücken. Wie immer spricht er nicht über seine Gefühle, aber sein Unglück ist ihm anzusehen, und als ihm auch noch eine andere Mutter über den Kopf streicht und »ach, wie niedlich« flötet, sehe ich seine Augen schon feucht glänzen. Ich packe ihn sofort und verschwinde mit ihm im Büro, ehe ihn noch mehr sehen können.

»Hubertus, möchtest du überhaupt ein Marienkäfer sein?«

Schweigen.

»Möchtest du dich lieber anders verkleiden?«

Heftiges Nicken.

»Ich werde dir helfen, dich umzuziehen, wir haben eine Menge Verkleidungen hier. Was möchtest du sein?«

Nasenbohren.

Immer noch Nasenbohren.

Schließlich: »Ein Drache, aber mit Gewehr.«

Kein Problem, ich leihe mir aus einer anderen Gruppe ein Krokodilkostüm, wasche ihm die Roten Bäckchen ab und bemale ihm das Gesicht giftgrün. Damit ist er nicht ganz einverstanden: »Du sollst mir auch noch Blut ins Gesicht malen, weil ich gerade einen Menschen gefressen habe!«

Auch kein Problem, er bekommt eine Menge Blut um den Mund. Leider habe ich kein Gewehr. »Hubertus, geht auch ein Schwert?«

Geht auch. Drache Hubertus wandelt gemäßigten Schrittes und stolzen Hauptes mit erhobenem St. Martinsschwert in seine Gruppe und brüllt alle ganz fürchterlich glücklich an.

Tamaki hat es leider doch nicht rechtzeitig nach Deutschland geschafft, aber auf Gastkind David und auf Fini warten wir noch. Im Flur wimmelt es inzwischen von fantastischen Kostümen, denn der Partyraum wird erst um elf Uhr geöffnet sein. Ein paar ältere Geschwisterkinder sind auch als Gäste dabei, denn in vielen Schulen gibt es leider keine Faschingsfeier. Sülos (sonst eher magerer) Bruder Aslan steht plastikmuskelbepackt in einem Batmankostüm am Eingang und begrüßt alle Ankommenden mit martialischen Kung-Fu-Bewegungen.

Dann kommt Fini. Als Aslan sich in schwarzer Maske gefährlich vor ihr aufbaut, zieht sie begeistert ihren Wintermantel aus, und sieh an, sie trägt dasselbe Batmankostüm. Nur ihr dickes, rundes Bäuchlein reckt sich – anders als bei Aslan – herausfordernd keck aus den Schaumstoffmuskeln hervor. Sie geht ganz nah zu ihm hin und strahlt – zwei Köpfe kleiner als Aslan – selig zu ihm empor. Aslan stoppt sein Kung Fu und starrt auf sie herunter. Nach fünf Schrecksekunden und einem gezischten »Ist doch mir egal!«, dreht er sich auf dem Absatz um und läuft davon.

Mein Team und ich sind für die Party gerüstet. Alles, was für Kinder nicht alltäglich ist, ist auch sehr anstrengend für sie. Ungewohnte Umgebung, laute Tanzmusik, Masken, hinter deren Schutz man treiben kann, was man will und so weiter sind Faktoren, die für uns Erwachsene einiges an Stress bedeuten. Aber diesmal ist alles anders. Wir sperren den Turnraum auf, alle Kinder stürmen wie jedes Jahr hinein. Sie sind von der Dekoration begeistert, und dann –

Fünf Minuten später ist es so still, dass wir die Partymusik auf ein Minimum herunterdimmen können. Kein Kind tanzt, keines kämpft, keines schreit, keines läuft auch nur herum. Alle Kinder sitzen am Boden und spielen glückselig mit dem Sand. Nur ab und zu durchbricht ein Juchzer über ein gefundenes Goldstück die Stille. Meine Kolleginnen und ich sitzen auf Teppichen in einem der Beduinenzelte und sehen uns fassungslos beglückt an. Keine Arbeit? Wir beobachten die Szene, aber nichts ändert sich. Nach einer Viertelstunde meint Elli:

»Na, ich mach uns dann mal Kaffee.«

Die heiter-gelassene Stimmung hält den ganzen Vormittag an, lediglich die Ankunft von Zsófia und David bringen ein bisschen Abwechslung. Zsófia entschuldigt sich, das Verkleiden habe so lange gedauert. Beide kommen gutgelaunt in ungarischer Tracht und mit fünf Tabletts aufgeschnittener ungarischer Salami als Partyüberraschung.

Und David erschießt mich lächelnd mit den Worten: »Ich liebe dich.«

Fräulein Cruella Rottenmeier

Inzwischen ist ein Jahr Kindergarten wie im Flug vergangen. Oskar hat sein Examen in der Tasche, und die Familie ist samt Zuwachs wieder glücklich vereint. Am glücklichsten scheint mir Anne, endlich ihre gestrenge Mutter verlassen zu können. Und für Waldemar ist ein Geschwisterchen ein wahrer Segen. Die Eltern haben jetzt nicht mehr uneingeschränkt Zeit, mit ihm zu diskutieren, und ein paar Klarheiten im Alltag sind sehr hilfreich für ihn.

Tamaki spricht fließend Deutsch und hat sich nach ihrer Rückkehr aus Japan in die Gruppe eingefügt, als schlüpfe sie in einen alten Hausschuh. Wir haben ihr zu Ehren eine japanische Woche veranstaltet, wobei sie dann täglich ihr wunderschönes Prinzessinnenkostüm präsentieren durfte. Yüjin berichtete mir, dass Tamaki die erste Zeit in Japan hartnäckig deutsch mit ihrer Lehrerin gesprochen hatte und sich weigerte, auch nur ein Wort Japanisch mit Frau Eguchi zu wechseln.

Lenzi ist seit ein paar Wochen verliebt in Tamaki und läuft ihr nach wie ein Stalker. Sie tut immer so, als sei ihr das lästig, beschenkt Lenzi aber seltsamerweise ziemlich oft mit selbstgemalten Mangas.

Sülos Deutsch klingt noch etwas gebrochen, weshalb er zusätzlich an einem Deutschprogramm zur Schulvorbereitung an seiner künftigen Grundschule teilnimmt, und er hat angefangen, in einem Verein Fußball zu spielen. Fußball gefällt ihm weitaus besser als der Deutschunterricht.

Zoes Eltern sind wider Erwarten und zur Verwunderung aller wieder zusammen und basteln an einem Geschwisterchen. Und Zoe hat sich von der schüchternen Maus zum Frechdachs gewandelt.

I. I. ist das Vorzeigekind unserer Gruppe, freundlich, höflich, klug und hilfsbereit (außer im Umgang mit ihren Eltern). Sie, Schorschi und Laetizia sind unangezweifelt die intellektuellen Führer der Gruppe. Alle drei beschäftigen sich eifrig mit Buchstaben und können schon einfache Wörter lesen. Außerdem ist Schorschi zum Majordomus des Kindergartens avanciert und organisiert täglich mit ein paar Anhängern Tätigkeiten wie Hofkehren, Waschbecken putzen und ähnlich Nützliches.

Hubertus lässt sich nach wie vor im Kindersitz auf dem Fahrrad seiner Mutter in den Kindergarten bringen und schafft es immer noch, sich mit seinen fünf Jahren (!) von unerfahrenen Praktikanten herumtragen zu lassen. Er benutzt dann immer niedliche Babysprache, um sie zu becircen. Wenn ich ihn dabei erwische, wird er rot, grinst mich verlegen an und ändert sein Verhalten sofort.

Lenzis Sprache ist nur noch besonders, wenn er aufgeregt ist. Alle Kinder lieben Lenzi, und er und Hubertus sind die einzigen Jungs, die zu privaten Mädchengeburtstagen eingeladen werden.

Lucille will jetzt nicht mehr, dass die Jungs ihre

Hunde, Pferde usw. sind, sondern sie spielt jetzt fast ausschließlich mit Mädchen. Fini und sie widmen sich tagtäglich der Massenproduktion von Kunstwerken und sind ganz dick befreundet.

Jarons Vater hat Johanna mit einer Telefonsexrechnung von über 4000 Euro sitzen gelassen. Jaron ist sehr still und nachdenklich geworden, klaut zuweilen wieder und spielt mit seinen Freunden sehr viel in der Natur. Er beschäftigt sich dabei mit dem Werden und Vergehen von Pflanzen und Kleintieren, die er im Garten findet. Nicht Laetizia, sondern er hat sich aus Mitleid mit den Tieren entschlossen, Vegetarier zu werden. Die Eltern kämpfen jeder für sich um das Sorgerecht, bemühen sich aber, die Kinder nicht mit einzubeziehen, stattdessen beschweren sich beide bei mir über den jeweils anderen.

»Das hat er bestimmt gemalt, bevor er gestorben ist.«

Fini deutet auf ein Bild mit dem Titel »Schafherde«. Die Sommerferien stehen kurz bevor, und wir besuchen gerade eine Ausstellung von Ernst Ludwig Kirchner, und ich habe den Kindern erzählt, dass dieser Maler bereits tot ist.

»Wie kommst du denn darauf?«, frage ich erstaunt.

»Na weil es so Nacht ist und so kalt, und weil die Schafe so golden aussehen.«

Interessant.

»Oh, Fini, hier ist das Werkverzeichnis ...« Wir sind am Ende der Kirchnerausstellung angekommen, und ich lese nach: »... letztes Werk, ›Die Schafherde‹ von 1938. Wow, Fini, du hast recht, es ist das letzte Bild, ehe er gestorben ist. Woher wusstest du das?« Ich bin selber vollkommen baff.

Fini schaut mich mit ihren braunen Augen tiefgründig an (sie hat dabei jenen Blick, den Kinder manchmal so aus der Hutschachtel zaubern: Für den Augenblick eines Wimpernschlages glaubt man, plötzlich in Kinderaugen die gesammelte Weisheit des Universums zu sehen), zuckt mit den Schultern und meint gelassen: »Sieht man doch.«

Wir haben angefangen, uns intensiver mit Malerei auseinanderzusetzen, weil manche Eltern wegen der angeblichen mangelnden Fähigkeiten ihrer Kinder diesbezüglich regelrecht panisch sind. Klar: Alle Zeichen stehen auf Schulvorbereitung. Vergessen sind frühere Aussagen der Eltern wie: »Hauptsache, mein Kind hat im Kindergarten eine unbeschwerte Zeit zum Spielen, es reicht, wenn der Stress in der Schule losgeht«. Schorschis Eltern machen sich Sorgen wegen seines Dialekts, Hubertus' Eltern wegen seiner Unselbstständigkeit (die Hermine nach wie vor massiv unterstützt), Laetizias Eltern stellten mit Entsetzen fest, dass Laetizia beim Treppensteigen noch keinen Wechselschritt beherrscht, obwohl ihnen der Kinderarzt gesagt hat, das sollte sie in ihrem Alter schon können, und so weiter, und so weiter.

Und die Sorge um die zeichnerischen Qualitäten betrifft natürlich hauptsächlich die Jungs. Während die Mädchen hervorragende Porträts abliefern und ihre gemalten Figuren sowohl mit Händen als auch mit der korrekten Zahl von Fingern ausgestattet sind (Fini trägt sogar der Existenz von Wimpern Rechnung, was von allen anderen Mädchen begeistert übernommen wird), sieht das Ganze bei den Jungs, sagen wir mal, etwas rudimentärer aus. Hubertus lässt seine Figuren noch als Kopffüßler wandeln, und Lenzi und Waldemar malen »Gewitter«, »Vulkane« und »Bombeneinschlag«. Das ist ihre geschickte Methode, um ihr Unvermögen in dieser Hinsicht zu kaschieren. Wir haben uns schon auf gewisse Höflichkeitsformen in unserer Gruppe geeinigt, deshalb sparen sich meine Meisterinnen ihre verächtlichen Kommentare zu diesen Werken, aber Blicke können auch Bände sprechen, und die Jungs sind unsicher. Und wer ohnehin unsicher ist, hat keine Lust, sich ausgerechnet bei Mädchen der Lächerlichkeit preiszugeben. Die Jungs malen also nur noch, wenn ich es zum absoluten Pflichtprogramm deklariere. Mein Mantra, malen könne jeder, wie er will, es gebe kein Falsch oder Richtig, wichtig sei es, dass jeder sein eigenes Bild liebt – wird zwar vernommen, aber nicht aufgenommen. Wie soll das auch gehen, wenn man es auch noch mit Wimpern zu tun bekommt!

Etwas musste sich also ändern.

Die Seeschlacht von Lepanto war der (Aus-)Weg. Im Münchner Brandhorst-Museum gibt es einen eigenen Raum, der nur für die Präsentation dieses Gemäldezyklus' von Cy Twombly konzipiert ist. Zwölf Riesige Formate in wenigen leuchtenden Farben, hauptsächlich Türkis, Gelb und Aquamarin bestimmen die Bilder sowie viel Rot, viel geschüttetes Blutrot. Als ich mit den Kindern den Raum betrat, fanden sie sofort heraus, dass es sich um eine Seeschlacht handelt. Der erste Eindruck war bombastisch – Schiffe im Nebel, Schiffe im Sonnenschein, unvermeidbare Zusammenstöße von Schiffen und rotes Blut, das in Strömen von den Bildern rinnt.

Während die Mädchen eher skeptisch auf die Gemälde schauten und Lucille schließlich verächtlich bemerkte, es handle sich nur um großes Kritzel-Kratzel, waren die Jungs begeistert. Cy Twombly malt die Kriegsschiffe genau so, wie sie ihre Schiffe zu Papier bringen: ein schwungvoll angedeuteter Halbkreis und ein paar Striche, die ihn vertikal unterbrechen, als Ruder. Darüber und darunter abstrakt fließende Farbe, die die Stimmung transportiert.

Ich korrigierte Lucille und sagte, dass ihr die Bilder nicht gefallen müssen, aber dass diese Gemälde weltberühmt sind und viele Menschen sie lieben und keineswegs als Kritzeleien empfinden würden. Und ich wiederholte zum tausendsten Male: »Jeder kann malen, wie er will!«

»Genau!« Lenzis Augen funkelten, und er sah Lucille kampfbereit an (hierzu muss ich anmerken, dass mittlerweile die Kämpfe verbal ausgefochten werden).

Zurück im Kindergarten tackerte ich große Papiere an die Wände. Während die Mädchen, angeregt durch die Rosenbilder von Cy Twombly, ihre Blumen mit viel mehr Akkuratesse als der Künstler auf die Wand brachten, malten die Jungs enthusiastisch riesige Schiffe und mit freien, freudigen Strichen viel, viel Blut. Sie fühlten sich als Künstler, und die immer noch zweifelnden Blicke der Mädchen perlten an ihnen ab wie das Wasser an venezianisch-spanischen Schiffsplanken.

Ein paar Tage später. Lenzis Mutter will ein dringendes Elterngespräch mit mir. Ich überlege, was es für ein Problem geben könnte. Lenzis Sprache ist sehr gut geworden, er ist intelligent und beliebt. Sein Sozialverhalten ist beispielhaft, was auch die vielen Privateinladungen, die er erhält, untermauern, er ist ein geschickter Motoriker, hat seinen Babybauch endgültig verloren – mir fällt nicht das geringste Problem ein. Sind Lars und Caro, die ich immer überaus ausgeglichen und freundlich erlebt habe, jetzt auch schon Opfer der Vorschulhysterie geworden?

Caro sitzt mir gegenüber im Büro und reibt sich verlegen die Hände.

»Ich weiß nicht genau, wie ich es dir sagen soll«, startet sie, »auf gar keinen Fall wollen wir dich kritisieren, du machst einen tollen Job, und Lenzi ist ja so glücklich im Kindergarten. Wir sind ganz deiner Meinung, dass Entwicklung und Reife bei jedem Kind individuell ablaufen. Und du weißt, wir gehören nicht zu den ehrgeizigen Eltern – aber trotzdem machen wir uns Sorgen um Lenzi. In manchen Bereichen ist er doch auf dem Stand eines Dreijährigen! Wir haben uns überlegt, ihn zur Ergotherapie zu schicken, was meinst du?«

Ich überlege fieberhaft, in welchem Bereich Lenzi so zurückgeblieben sein könnte, aber ich habe keine Idee. »Ich verstehe nicht ganz, Caro. Warum willst du ihn in eine Ergo schicken?«

»Na, in der Schule hat er doch auch mal Turnen und sollte sich dann alleine umziehen können, und wir wollen ihn ja auch in der Mittagsbetreuung anmelden und haben Angst, dass er ausgelacht wird. Er hat ja schon die dicke Brille, und wenn die anderen Kinder sehen, dass er noch mit den Händen isst –« Caro zuckt hilflos mit den Schultern, und ihre Stirn ist voller Kummerfalten. Es scheint, als müsse sie gleich weinen.

Ich starre sie an und begreife langsam. Es fällt mir

ein, dass Lenzi und Hubertus die Einzigen sind, die sich beim Bringen und Abholen noch von den Eltern verwöhnen beziehungsweise komplett umziehen lassen. Während ich das bei Hubertus' Eltern kürzlich angeprangert habe, weil er wirklich Schwierigkeiten hatte, dies in der gleichen Geschwindigkeit wie alle anderen zu erledigen, habe ich bei Lenzi gar nicht darauf geachtet. Er zieht sich in Windeseile an und hat zuletzt als Dreijähriger mit den Fingern seine Nudeln in den Mund gestopft!

Wenn ich nicht Caros sorgenvolles Gesicht sehen würde, hätte ich losgelacht, doch so räuspere ich mich nur kurz: »Äh, Caro, ich fürchte, dein Sohn führt ein Doppelleben.« Und ich kläre sie über seine wahren Fähigkeiten auf.

Lenzis Mutter ist erschüttert und erleichtert. Sie schildert mir ausführlich, wie Lenzi zu Hause zwar eine Gabel in der Hand hält, sich aber hartnäckig mit der anderen Hand das Essen zum Mund führt. Alle ihre Interventionen, dies doch langsam zu ändern, führen zu Tränenausbrüchen, weil er so hungrig ist und er es doch nicht anders kann. Genauso ist es mit dem Schuhanziehen, Lenzis Arme sind einfach noch zu kurz, um seine Füße zu erreichen, und er weint fürchterlich, wenn so Unmögliches von ihm verlangt wird.

Nach dem Gespräch mit Caro schlendere ich zu Mr. Hyde.

»Lenzi, ich habe gerade mit deiner Mutter gesprochen. Sie weiß jetzt, dass du dich alleine anziehen und ganz normal mit Besteck essen kannst. Du kannst dein Theater zu Hause beenden.«

Dr. Jekyll sieht mich seufzend mit einem Es-konnte-ja-nicht-ewig-gut-gehen-Blick, vermischt mit leiser

Trauer, an. Er bindet sich gerade kunstvoll und geschwind die Schnürsenkel am Schuh, weil er in den Garten will, und antwortet mit einem leicht verlegenen, gelispelten: »Is gut.«

Einmal in der Woche gibt es jetzt ein so genanntes Vorschulprogramm. Eigentlich vollkommen unnötig, denn alles, was Kinder zum Schuleintritt können müssen, lernen wir in unserem Alltag. Voraussetzung für einen guten Start in der Schule ist es nicht, unbedingt bis 1000 zählen oder bereits schreiben zu können. Grundvoraussetzungen sind vielmehr, den Mut und die Fähigkeit zu haben, richtig zu fragen und zu antworten, sich über einen längeren Zeitraum auf eine Sache zu konzentrieren, mehrschrittige Anweisungen zu verstehen und umzusetzen sowie Geduld und Interesse zu haben. Vor allem soziale Kompetenzen sind gefragt: sich an Regeln halten, Unrechtsbewusstsein besitzen, Höflichkeits- und Umgangsformen zu haben, Verantwortung zu übernehmen und über ein gutes Maß an Eigenorganisation zu verfügen. Auch ein gutes Resilienzsystem ist wichtig, also die Fähigkeit, Niederlagen, Fehler und Rückschläge hinzunehmen und an ihnen zu wachsen, in komplizierten oder belastenden Situationen handlungsfähig zu bleiben. Es geht nicht nur darum, die Situation im Klassenzimmer kompetent zu bestehen, sondern man muss auch die Pause auf dem Schulhof meistern können.

All dies ist in der Schule gefragt, und die meisten dieser Fähigkeiten werden in der Kindergartenzeit angelegt und können später nicht mehr oder nur teilweise mit großem Aufwand, wie er zum Beispiel in der

Abenteuer- oder Erlebnispädagogik betrieben wird, installiert werden. Mit erheblichem Personaleinsatz werden dann für »verhaltensoriginelle« Jugendliche pädagogische Situationen mit Ernstcharakter geschaffen, um über das unmittelbare Erleben Lernprozesse zu fördern, die einem entwicklungsfördernden Ziel dienen. Auf diese Weise wird das Selbstkonzept der Teilnehmer gefördert sowie primäre Schlüsselqualifikationen wie soziales Lernen, Team- und Kooperationsfähigkeit vermittelt. Sehr viel günstiger für den Staatshaushalt und nachhaltiger könnte man dies im Kindergarten bewerkstelligen. Erziehung braucht Zeit. Kinder brauchen Zeit. Und natürlich einen guten Betreuungsschlüssel, der es ermöglicht, jedem Kind individuell zu helfen. Ich bin deshalb jeden Tag froh, in einer Elterninitiative mit einer verhältnismäßig kleinen Gruppe zu arbeiten.

Diese kleine Gruppe sitzt gerade vor mir und sieht mich erwartungsvoll an. Glänzende Augen, die Hände verschränkt, mucksmäuschenstill. Es ist Vorschultag, und die Kinder freuen sich immer, weil Vorschule die Insignie der Großen ist. Ich mache immer ein Rollenspiel daraus. Meine Kinder dürfen sich abwechselnd jede Woche einen neuen (Lehrerinnen-)Namen für mich aussuchen, und ich spiele dann eine sehr Gestrenge. (Ich bekomme meist süße Namen, wie Frau Holle oder Frau Fee, manchmal aber auch nur Frau Meier.) Keiner darf reden, außer er hebt seine Hand und wird aufgerufen, die Kinder müssen selbst auf ihre Materialien wie Stifte, Vorschulmappe und so weiter aufpassen. Jede Woche gibt es Experimente, Gespräche und Arbeitsblätter. Letztere sind dabei der Inbegriff des Glücks.

Wenn ich die Kinder nach dem Vorschulprogramm frage, »Wie hat es euch gefallen?«, bekomme ich meist zur Antwort: »Nächste Woche sollst du noch viel strenger sein!« Das nenne ich selbstorganisierte mentale Vorbereitung, denn dass es in der Schule sehr streng ist, wissen alle von den älteren Geschwisterkindern. Um die Ängste vor der Schule zu dämpfen, besuchen wir im letzten Kindergartenjahr immer eine der benachbarten Schulen und nehmen an einer »echten« Unterrichtsstunde teil. Morgen ist es so weit, und alle sind aufgeregt. Die Mädchen planen eifrig, was sie wohl zu diesem feierlichen Anlass anziehen werden, und die Jungs planen großmäulig, ungeheuer frech zur Lehrerin zu sein.

»Oh, Laetizia, das ist ja ein entzückender Hut.«

Ich bin ehrlich begeistert. Laetizia trägt ungeachtet der eher kühlen Frühlingstemperaturen einen gelben Strohhut, den sie selber aufgepeppt und zu diesem Zweck üppig mit Federn, Stoffblumen und Glitzersteinen beklebt hat. Dieser Hut hätte einem englischen Pferderennen Glanz verleihen können! Auch die anderen haben sich herausgeputzt, sogar die Jungs (die aber heute Morgen bemerkenswert in sich gekehrt sind). Aber der Hut und die sichtliche Mühe, die Laetizia zu dessen Dekoration aufgebracht hat, erregen die Aufmerksamkeit des gesamten Kindergartens. Vor Stolz und Aufregung hat Laetizia ganz rote Bäckchen bekommen.

Wir machen uns auf den Weg zur Schule, und statt des üblichen Geschnatters bei Ausflügen und flotten Sprüchen wie »Lückenmacher-Hosenkracher« herrscht konzentrierte Stille. Das Schulgebäude wird mit Andacht betreten, und leise geht es zum Klassenzimmer. Als wir nach vorsichtigem Klopfen eintreten, geschieht es: Die Lehrerin erwidert unseren Gute-Morgen-Gruß nicht, sondern stürmt auf Laetizia zu, reißt (ja wirklich, sie reißt!) meiner kleinen Laetizia den Hut vom Kopf und herrscht sie streng an: »Das wollen wir gleich klarstellen, eine Schule ist keine Faschingsveranstaltung!«

Laetizias Augen werden feucht, und ich überlege, ob ich diesem pädagogischen Ungeheuer eine Diskussion liefern und somit einen lautstarken Eklat vor allen Kindern riskieren soll. Oder ob ich sie auf dem Heimweg abpassen und mit einem rostigen Messer erstechen soll. Ich entscheide mich für die qualvolle Option, schlucke mindestens so schwer wie Laetizia und meine kühl, aber immer noch höflich (manchmal kann ich ja so falsch sein): »Laetizia hat sich zum ersten Schulbesuch besonders schön gemacht, um diesem Ort den nötigen Respekt zu erweisen.«

»So, so«, meint das Ungetüm, »dann setzt euch mal alle, wir wollen anfangen, in der Schule wird nämlich keine Zeit vertrödelt.«

Während die Mädchen ihren Schrecken überwunden haben und sogar Laetizia sich nach einiger Zeit am Unterricht beteiligt, sitzen meine Jungs wie paralysiert auf ihren Stühlen, unfähig, etwas anderes zu machen, als versteinert dazuhocken. Ihre Pläne, frech zu sein, werden wohl heute nicht mehr verwirklicht. Aber ungeachtet dieser monströsen Lehrerin war es auch die vergangenen Jahre so, dass die Jungs zwar im Vorfeld die große Klappe haben, in Wirklichkeit aber viel mehr Ängste vor der Schule entwickeln als die Mädchen.

Zurück im Kindergarten, sprechen die Kinder darüber, dass diese Lehrerin gar nicht nett war. Ich gebe ihnen recht: »Es kann passieren, dass ihr Lehrer oder Lehrerinnen bekommt, die nicht nett sind. Aber ihr werdet viele Lehrkräfte in eurem Leben kennenlernen, und es gibt auch sehr, sehr viele nette darunter.«

»Du solltest unsere Lehrerin sein«, schmachtet mich Sülo seufzend an.

Ich seufze auch.

Bei den nächsten Vorschulrollenspielen bekam ich dann einige Wochen lang eher Namen wie »Fräulein Rottenmeier« oder »Cruella De Vil«.

GROSSSTADTCOWBOYS

Einer der Höhepunkte im letzten Kindergartenjahr ist der gemeinsame Urlaub auf dem Bauernhof, und das ohne Eltern! Es gibt eine Reihe Bauernhöfe, die auf die Unterbringung von Kindergruppen spezialisiert sind – dieses Jahr haben wir uns auf den »Haselhof« geeinigt, der eine gute Autostunde von München entfernt ist.

Das muss man sich erst mal trauen als Kindergartenkind! Und auch die Eltern müssen sich trauen, ihre Kinder in einer Gruppe für eine Woche wegzugeben. Erfahrungsgemäß sind die Eltern viel nervöser als die Kinder. Vorab frage ich immer, ob sie sich das zutrauen oder ob jemand nicht ohne Eltern fahren möchte, wobei jede Entscheidung akzeptiert wird. Meist wollen alle ohne Eltern. Die Freiheit winkt. Eine Woche ohne elterliche Kontrolle: juhhaah!

Und natürlich üben wir auch – im Simulator namens Kindergarten.

Vor zwei Wochen haben wir ohne Eltern die Nacht im Kindergarten verbracht, und es war großartig: Lagerfeuer und Würstchen am Stock grillen, gefühltes nie Schlafen, sondern die ganze Nacht quatschen, herrlich! Abends sind wir, mit Taschenlampen bewaffnet, durch den nahen Park gewandert. Das war sogar mir ein bisschen unheimlich. Da es etwas nieselte, waren alle Kinder in Regencapes mit Kapuzen gekleidet und sahen in der Dunkelheit aus wie schwarze Zwerge. Anfangs plärrten noch alle rum, weil es so spannend war, aber nachdem wir uns einige Meter vom vertrauten Gelände wegbewegt hatten, wurde es stiller und stiller.

Am Rande des dunklen Parks steht ein großes Bürogebäude, in dessen Erdgeschoss ein Fitnessstudio mit Panoramafensterwand untergebracht ist. Alle Kinder blieben wie auf ein geheimes Kommando davor stehen und schauten einer Frauengruppe zu, die sich synchron zu einer von uns nicht hörbaren Musik bewegte. Der Fitnessraum war in blaues Licht getaucht, und meine Zwerge stellten sich, ohne dass ein Wort gefallen wäre, in derselben Parallelformation wie die bläulichen Frauen auf. Wieder als ob sie von einem unsichtbaren Befehlshaber gesteuert wurden, fingen sie an, die Bewegungen der Frauen nachzuahmen.

Als ich die Umrisse der schwarzen Kapuzenzwerge im Gegenlicht gespenstisch leise vor dem riesigen Blaulicht geheimnisvolle Bewegungen ausführen sah, erinnerte mich dieses Bild gleich an zwei Horrorfilme: Carpenters *Village of the Damned* und Cronenbergs *The Brood*. In beiden Filmen geht es darum, dass kleine gruselige Kinder ihre »Probleme« gemeinsam aus der Welt schaffen – nichts für zarte Gemüter!

»Kommt, Kinder. Gehen wir wieder zurück«, rief ich und versuchte, dieses Bild gleich wieder loszuwerden.

Wie in Zeitlupe drehten sich die nachtschwarzen Kapuzen zu mir um und gingen langsam auf mich zu.

Sie sprachen noch immer kein Wort ... und kamen näher ... und näher ... Erst als ich Waldemars liebes Gesicht im fahlen Laternenlicht erkennen konnte und dahinter Zoe angelaufen kam, um sich gleich darauf in meine Arme zu stürzen, verschwanden die Filmbilder wieder aus meinem Kopf. Zoe schmiegte sich an mich (oder umgekehrt?) und sagte: »Ich habe ein bisschen Angst.«

»Ach Zoe, mein Liebling, brauchst du doch nicht« (außer du kennst Cronenberg und Carpenter), »wir gehen jetzt zurück und machen uns einen schönen heißen Kakao vor dem Zubettgehen.«

Es dauerte bis 23 Uhr, und so lange dauert das immer, bis alle Kinder versorgt, alles Heimweh besiegt, alle Gute-Nacht-Geschichten erzählt und alle endlich vom Schlaf übermannt waren.

Durch diese Übernachtungsaktion fühlen sich nun jedenfalls alle wie Helden und gut gerüstet für den Bauernhofurlaub. Hätte ich sie gefragt: »Wie wäre es mit einem viertel Jahr Aufenthalt in einem israelischen Kibbuz?« (das hat dieser Kindergarten in den siebziger Jahren tatsächlich gemacht!), »oder mit einer kleinen Marsreise?«, sie hätten ebenfalls ja gesagt.

Am Montagmorgen steht der Reisebus vor der Tür, alle Eltern schleppen riesige Reisetaschen und die Kinder variantenreich rosarote Lillifeeköfferchen oder Saurierrucksäcke zum Bus. Lediglich Jaron hatte einen Rückzieher gemacht. Ich weiß, dass sich die Eltern gerade getrennt haben und bin deshalb nicht überrascht. Ich bewundere ihn für seine gute Entscheidung.

Wie immer reden alle Eltern zeitgleich auf mich ein: »Hier sind die Nachtwindeln von Hubertus, aber du musst sie ihm natürlich wieder heimlich anziehen.« – »Sülo wollte noch unbedingt seinen Kindercomputer dabeihaben, ist doch in Ordnung, oder?« – »Das Kuscheltier von Fini gebe ich lieber dir, sie verschlampt es sonst, und ohne den Kuschelpanda schläft sie garantiert nicht ein. Also pass lieber gut drauf auf!« – »Schorschi soll seine Hustenmedizin dreimal am Tag nehmen!« – »Du musst dafür sorgen, dass I. I. auf alle Fälle im selben Zimmer wie Zoe und Tamaki schlafen kann, sie hat gesagt, sonst bleibt sie nicht auf dem Bauernhof, du weißt ja, sie war noch nie von uns weg.« – »Ich hab dem Lenzi Süßigkeiten für alle Kinder mitgegeben, damit ihr euch mal einen schönen Tag machen könnt.« – »Heute kann Lucille ja das graue Flanellröckchen mit dem weißen Rolli anbehalten, und für morgen habe ich mir den roten Trägerrock gedacht, außer es regnet, dann soll sie die grüne Jeans oder die auberginefarbene Jeans mit den Glitzerapplikationen anziehen, dazu aber dann das gelbe Sweatshirt.«

Der mitleidige Blick des Busfahrers, der mittlerweile alle Koffer verstaut hat, trifft mich. Endlich habe ich die Kinder im und alle Eltern aus dem Bus und gebe ihm das Zeichen loszufahren. Alle winken, ein paar Mamas müssen ihre Tränen unterdrücken, die Handys werden gezückt, und alle fotografieren, was das Zeug hält. So gut wie keines der Kinder kann zurückwinken, weil alle damit beschäftigt sind, ihren Reiseproviant auszupacken und alsgleich mit der Vertilgung desselben zu beginnen. Zwischendurch wird noch getauscht und aufs Großzügigste verteilt, was ich mit gewissem Stolz registriere. Wir sind noch nicht mal aus München draußen, da sieht es im Bus schon aus wie auf einem Schlachtfeld.

»Keine Angst«, sage ich zum Busfahrer, »ich räume das alles bei unserer Ankunft mit den Kindern wieder auf.«

»Nee, nee jute Frau, das lassen se mal, ick bin det schon jewohnt. Schulklassen sind schlimmer als Ihre Kleenen«, antwortet er mir mit väterlicher Berliner Gelassenheit.

In der verbleibenden Zeit kleben die Süßen an den Scheiben und benachrichtigen sich über Sensationen: Guck mal, Bäume, guck mal, eine Kuh, guck mal, Puppenhäuser (für Kinder, die fast ihre ganze Zeit zwischen engen Großstadtfassaden verbringen, ist perspektivisches Sehen ein richtiges Abenteuer).

Zwei Pipistopp später erreichen wir unser Ziel. Wir sind in einem bescheidenen, aber zweckmäßigen Sechzigerjahre-Bau untergebracht, nebenan steht die nagelneue Villa des »Bauern« mit riesiger Terrasse und einem Wohnzimmer dahinter, das durch seine Ausmaße und Einrichtung mit schweren Sofas an ein Hotelfoyer erinnern lässt. Vermietung an Gruppen aus München scheint ein rentables Geschäft zu sein.

Die Zimmereinteilung für die Kleinen wird vor Ort erledigt, da Vereinbarungen, die einen Tag vorher gegolten haben, in der Regel wieder über den Haufen geschmissen werden. Zum Beispiel will I. I. jetzt lieber mit Lucille im Zimmer sein, weil sie auch im Bus neben ihr saß.

Ich bin froh, dass ich zwei Praktikanten bei mir habe, die mir helfen, die Kinder und das Gepäck in die jeweiligen Zimmer zu verstauen. Kein Kind hört mir zu, als ich Erklärungen abgebe wie »Das ist dein Fach im Schrank« oder »Ich stelle deine Zahnbürste ins Bad«.

Ist ja auch doof von mir.

Also lasse ich es.

»Kommt alle mit raus, wir sehen uns mal um«, ist der bessere Satz.

Nach einer ersten Begehung und ein paar grundsätzlichen Erklärungen, zum Beispiel »Keiner, absolut keiner geht mir zu dem Stier in den Stall!«, lasse ich sie laufen und selbst erkunden. Beim Mittagessen stelle ich fest, dass das nette tschechische Küchenpersonal keine Ahnung von urbaner Kinderernährung hat. Es gibt buttertriefende Wienerschnitzel mit fetten Pommes und Eis, mit Sahne und Smarties dekoriert, dazu Limonade zum Abwinken.

Halleluja!

Nach dem Mittagessen ist Ponyreiten angesagt. Mit Begeisterung suchen sich die Kinder die passenden Leihreithelme aus und fühlen sich hervorragend darin. Ein Großteil ist der felsenfesten Überzeugung, sie könnten schon reiten, da sie schon eine Runde zu Pferde auf dem Oktoberfest gedreht haben. Die Mädchen sind vernarrt in die Ponys, und die Jungs haben vor den riesigen Tieren die Hosen gestrichen voll. Diese Erfahrung mache ich jedes Jahr. Sogar Sülo will nur ein einziges Mal im Kreis herumgeführt werden, Waldemar verweigert das Reiten ganz und begnügt sich damit, unsichtbare Gegner mit einer Reitpeitsche zu bekämpfen. Und I.I. geht mit den Ponys in einer Weise um, die an Tierquälerei grenzt. Sobald eines der Ponys stehen bleibt, kommt sie angesaust und zerrt am Zügel, schlägt mit ihren kleinen Händchen auf das arme Tier ein und schreit: »Komm jetzt, du Blöde, sofort!« Das ist der Ton, der eigentlich für ihre Mutter vorbehalten ist, aber er scheint auch bei Ponys zu wirken. Alle Reiter und Reiterinnen wollen die furchtlose I. I. als Führerin für ihr Pony haben. Nur Hubertus bevorzugt mich, weil er von mir festgehalten werden will. Für ein Posingfoto, das einer der Praktikanten von allen Kindern macht, soll ich aber einen Meter weggehen. Die Jungs ziehen sich nach einer kurzen Zeit (gerade so lang, dass kein Gesichtsverlust droht) zurück, die Mädchen wollten noch zwei Stunden lang striegeln und reiten und reiten und striegeln.

Als ich zurück ins Gästehaus komme, sind meine Jungs bereits im Schlafanzug und sitzen brav um Sülos Computer herum.

»Wieso habt ihr denn schon eure Schlafanzüge an, es ist erst vier Uhr nachmittags?«, frage ich.

»Wir sind schon so müde und wollen ins Bett gehen«, antworten sie mit treuen, aufrichtigen Blicken.

Da ist mir natürlich schon klar, was sie planen! Eine heimliche Nachtparty gehörte bereits in meiner Kindheit zu den unerhörtesten Dingen, die man sich vorstellen konnte. Sollen sie haben. Ich ziehe die Vorhänge zu und sage mit gespielt strenger Stimme: »So, und jetzt alle ins Bett und dass mir keiner mehr aufsteht.«

Blitzschnell krabbeln sie in ihre Betten und liegen wie die Engelchen ruhig und mit geschlossenen Augen darin. Auf mein »Schlaft ihr schon?« bekomme ich keine Antwort, lediglich Waldemar nickte heftig und nachdrücklich.

Sobald ich die Tür geschlossen habe, höre ich schon

Gekicher. Ich lasse sie ihre Party feiern und schaue nach meinen Mädchen, die sich inzwischen ausgiebig geduscht haben und nun Kleidertausch spielen. Dann gönne ich mir einen Kaffee und suche mir eine Ecke, um unauffällig und gierig an einer verdienten Zigarette zu ziehen.

Erfahrungsgemäß gehört die erste Nacht in der Fremde – heimwehtechnisch gesehen – zu den anspruchvollsten. Natürlich dauert es etwa zwei Stunden, bis nach dem Abendessen alle Kinder ihre Schlafanzüge anhaben und alle Kuscheltiere gefunden sind. Sülo hat von seiner klugen Mutter »Heimwehmedizin« (ein Fläschchen mit Placebo-Globolis) bekommen, aber als alle im Bett sind, gesteht er mir, dass er die Globolis, die eigentlich die ganze Woche reichen sollen, bereits am Nachmittag, während der Party mit seinen Kumpels, komplett aufgefuttert hat. Und jetzt hat er wieder furchtbares Heimweh!

Glücklicherweise habe auch ich entsprechende Medikamente dabei. Ich hole aus meinem Erste-Hilfe-Koffer ein braunes Apothekerfläschchen und gebe ihm mit den Worten »Das ist jetzt leider sehr bitter, aber auch sehr wirksam, in zehn Minuten wird dein Heimweh vorbei sein« mit einer Pipette einen Tropfen Medizin (reines Leitungswasser!) unter die Zunge. Sülo verzieht das Gesicht: »Ihh, das ist total bitter.«

Natürlich brauchen fast alle die starke Medizin, und die zehn Minuten, um die volle Wirkung zu erleben, halten die meisten nicht durch, da sie der Schlaf übermannt. Meine Praktikanten und ich freuen uns schon auf den Feierabend, da steht die kleine Zoe mit

Teddy unterm Arm an der Tür und erklärt weinend, dass die Medizin bei ihr nicht helfe.

Auch nach einer Stunde Vorlesen und Kuscheln in meinem Bett wird es nicht besser. Sie weint und lässt sich nicht beruhigen. Als ich auch noch merke, dass ihre Stirn ganz heiß ist, entschließe ich mich, die Eltern anzurufen. Ihre Mutter Mizzi kennt den Haselhof (ich hatte außerdem auch eine Wegbeschreibung an alle gemailt) und fährt sofort los.

Zoe geht es in der Zwischenzeit immer schlechter, und sie muss sich übergeben.

»Keine Angst, meine Kleine, die Mama ist in einer Stunde da, tröste ich sie.«

Als Mizzi nach zwei Stunden noch nicht da ist, rufe ich noch mal an, aber Zoes Vater erklärt mir, sie sei schon lange weg, und Mizzis Handy hat dummerweise keinen Empfang. In der Zwischenzeit fällt Zoe endlich in einen unruhigen Schlaf, aber ich bin ziemlich sauer auf Mizzi, weil sie nicht auftaucht. Nach drei Stunden habe ich das Gefühl, dass die Temperatur wieder etwas sinkt und Zoe jetzt tief und ruhig schläft. Die Mutter würde morgen trotzdem was zu hören kriegen! Es ist jetzt bereits fast zwei Uhr. Ich bin hundemüde und will mich grade ins Bett legen, als mein Handy klingelt.

Mizzi: »Ich bin jetzt auf dem Haselhof. Wo seid Ihr?«

Ich: »Wir sind im Gästehaus.«

Mizzi: »Ich kann nirgends Licht sehen.«

Ich: »Moment, ich mach dir das Außenlicht an, hat zwar lange gedauert, aber schön, dass du endlich da bist. Zoe schläft jetzt, aber ich denke, sie ist krank.«

Ich ziehe mich an und trete vor die Haustür, um

Ausschau zu halten, kann aber nirgendwo Autoscheinwerfer ausmachen. Nach einigen Minuten klingelt mein Handy erneut.

Mizzi: »Ich finde euch nicht. Ich bin jetzt bei den Gänsen.«

Ich: »Welche Gänse?«

Mizzi: »Na, der große Gänsestall.«

Ich: »…?«

Mizzi ist zwar auf dem Haselhof angekommen, aber auf einem Haselhof in ihrer Heimat Vorarlberg statt in Bayern! Als sie nach der großen Erkenntnis schließlich endlich bei uns auftaucht, packe ich die müde Mizzi neben Zoe ins Bett, suche mir eine andere Schlafgelegenheit und hoffe, dass ich drei Stunden Schlaf bekomme. (Es werden nur zwei, denn um 6.30 Uhr schreit Schorschi fröhlich durch die Gänge: »Alle Mann aufstehen!«)

Zoe ist am nächsten Morgen wieder fit und will nicht zurück nach München fahren, aber auch nicht ohne Mutter hier bleiben, und so entschließt Mizzi sich spontan, ein paar Tage Studium zu schwänzen. Ich bin froh, eine Unterstützung mehr zu haben.

Wir erleben eine tolle Woche. Die Zeit verfliegt zwischen Hasen streicheln, Reiten, Lagerfeuer machen, den Bauernhund suchen und auf Strohballen herumturnen. Alle haben rote Backen und Farbe bekommen, und was auch immer die tschechischen Küchenfeen auf den Tisch bringen, wird restlos verputzt.

Heute kommen die Eltern, und meine Kleinen sind schon ziemlich aufgeregt. Ich sehe sie mir an: Alle sind verdreckt und haben üblen Mundgeruch. Aber ich habe die Eltern ja vorher gewarnt: Die üblichen häuslichen Hygienestandards würden wir in der Gruppe auf dem Bauernhof nicht einhalten. Auch mein eigener Hygienestandard lässt zu wünschen übrig. In der Regel schläft das letzte Kind um 23 Uhr ein, während der Nacht gibt es dann ab und zu »Pipiunfälle«, oder jemand will zu mir ins Bett wegen Heimweh oder wacht mitten in der Nacht auf, weil das Kuscheltier weg ist ... und Schorschi ist ein fanatischer Frühaufsteher.

Ich freue mich also genauso sehr wie die Kinder auf die Eltern, die mit uns das restliche Wochenende hier verbringen werden. Ich werde ausschlafen und ein ausgiebiges Bad nehmen können!

Binnen einer Stunde sind alle Eltern wie vereinbart eingetrudelt und werden stürmisch begrüßt und herumgeführt.

Lucilles Mutter kommt aufgeregt zu mir: »Ich habe mir gerade ihre Wäsche angesehen, sie hatte ja die ganze Woche dasselbe an, sogar dieselbe Unterhose!«

»Ich hoffe, das war in deinem Sinne«, grinse ich sie an.

Dietrich, Hubertus Vater, entdecke ich eine halbe Stunde später auf der Terrasse der Bauernvilla mit einem Glas Sekt in der Hand.

Er prostet mir zu: »Möchtest du auch ein Glas? Du wirst es dir verdient haben. Komm rauf, es wäre mir ein Vergnügen, dich einzuladen. Die Bar ist zwar nicht besetzt, aber die reizende Maria ist anscheinend Stammgast hier, eine äußerst charmante Dame. Wir verstehen uns köstlich und haben uns bereits drei Gläschen genehmigt, und sie weiß vor allem, wo die Getränke hier zu finden sind.«

Ich zerre ihn von der Terrasse: »Mensch, Dietrich, dass ist nicht die Hotellobby, sondern das Privathaus des Eigners, und Maria ist kein Stammgast, sondern die senile Oma des Bauern!«

Die sorgfältig ondulierte, weißhaarige, zauberhafte Maria nickt Dietrich kokett zu, lächelt und hebt noch mal mit der Anmut eines jungen Mädchens ihr Glas, um ihrem Verehrer zum Abschied zuzuprosten.

Jekatarina will schon um 21 Uhr mit I. I. ins Bett gehen, aber alle anderen Eltern genießen einen feuchtfröhlichen Abend. Die angeschickerte Yüjin spielt auf dem alten verstimmten Klavier im Gemeinschaftszimmer ein paar bekannte Lieder zum Mitsingen. Anfangs singen natürlich nur wir Frauen (obwohl der Männergesang in bayrischen Wirtshäusern doch so eine lange Tradition hat), und die Väter genügen sich mit Mau-Mau-Spielen (ja ja, richtig gelesen), aber als nach zwei Stunden der Nullchecker Siggi endlich dahinterkommt, dass ihm alle Mitspieler immer Karten in sein Deck schieben, sobald er mal für kleine Jungs geht, ist er mordsbeleidigt, setzt sich zu uns Frauen, und, schau an, er verfügt über ein umfangreiches Repertoire und eine klare Tenorstimme, die die anderen Väter ebenfalls mutig werden lässt. Da Yüjin als Konzertpianistin auf Schubert spezialisiert ist, landen wir irgendwann bei der schönen Müllerin, und um etwa drei Uhr früh grölen die Letzten noch mit ihr die Winterreise rauf und runter. Und »Am Brunnen vor dem Tore« wurde wahrscheinlich noch nie inniger gesungen.

Logisch, dass ich auch noch dabei bin, ich liebe die Winterreise!

Glücklich, dass niemand auf die Idee kommt, mitzufilmen, hätte ne Youtube-Peinlichkeit werden können!

Herrlich, dass mich am nächsten Morgen nicht mal Schorschi weckt. Traurig, dass für ein paar Kinder an diesem Tag ein Traum platzen muss …

Gegen Mittag stehe ich auf und genieße mit einem Kaffee meine unverantwortliche Existenz auf dem Bauernhof. Ich setze mich in den Garten und beobachte, wie Andi mit seinem Sohn Schorschi Fußball spielt und Schorschi einen unhaltbaren Treffer nach dem anderen landet. Durch diesen Erfolg angelockt, will auch Waldemar kicken und zwingt seinen Vater ins Tor. Natürlich hat Oskar gegenüber Trippelmeister Waldemar auch keine echte Chance. Jeder junge Fußballspieler weiß aus langer Erfahrung, dass er seinen eigenen Vater jederzeit und mit Leichtigkeit in die Knie zwingen kann.

Da auch andere Jungs ihr Talent präsentieren wollen, füllt sich die Wiese langsam. Gökhan schießt, und obwohl der Ball äußerst gemütlich in Richtung Tor eiert, wirft Söhnchen Sülo sich drauf wie ein Profi – und hält. Alle Väter sind einer Meinung: »Diesen Ball hätte so leicht keiner abgewehrt.«

Als auch noch Lenzi mit seinem Papa mitspielen will und die Wartezeiten beim Toreschießen so lang sind, hat Oskar die verhängnisvolle Idee: »Sülo, Gökhan und Waldemar und ich gegen Andi und Lars mit ihren Kindern, wir machen ein richtiges Spiel, wer zuerst fünf Tore drin hat!«

Die ersten fünf Minuten werden noch recht moderat gespielt, und die Väter achten darauf, dass die

Jungs auch alle mal an den Ball kommen und sie im Zweikampf austricksen können, aber dann schießt Oskar das 1:0, worauf die Stimmung sich leicht verändert. Die Kleinen bekommen den Ball jetzt nicht mehr so oft ab, und die Väter haben das Väterliche in der Mimik gegen eine gewisse Ernsthaftigkeit eingetauscht.

Als Gökhan Lars bei einem Zweikampfduell besiegt und ein 2:0 herbeiführt, verwandelt sich der sanftmütige Lars binnen Sekunden in Spartakus, er nimmt seinem eigenen Sohn den Ball ab, um kurz darauf ein 2:1 zu erzielen. Lenzi läuft weinend zur Mama, um sich trösten zu lassen, und allen anderen kleinen Spielern ging es auch nicht besser, sie werden nicht mehr beachtet oder höchstens mit Bemerkungen wie »Mensch, geh doch aus der Bahn« bedacht oder kurzerhand weggeschubst. Bald sitzen die vier Kleinen gemeinsam am Rand der Wiese und schauen ihren Vätern zu. Waldemar rinnen die Tränen unaufhörlich übers Gesicht. Schorschi tut so, als habe er keine Lust mehr zu spielen, stattdessen beschäftigt er sich mit einem Grashalm. Lenzi beschwert sich lauthals und meint, dass seine Mutter wegen dieser Ungerechtigkeit eingreifen soll. Und Sülo sitzt völlig versteinert und in sich gekehrt da.

Langsam, langsam sickern die soeben gemachten Erfahrungen in ihre Gehirne. Leb wohl, du Stück Kindheitsillusion – hallo Realität.

Der Krieg der Sterne

»Staawohs!«, schallt es mehrstimmig und überlaut in meinen Ohren.

»Staawohs!«

»Staawohs!«

»Staawohs!«

Es wird in erheblicher Lautstärke skandiert. Vorausgegangen ist meine Frage an die Kinder, ob sie Lust hätten, zur Kindergartenabschiedsfeier ein Theater aufzuführen, und wenn ja, welches.

»Staawohs!«

»Staawohs!«

Jetzt wird der Lärmpegel durch Mädchengekreische und ein paar Gegenvorschläge verstärkt:

»Find ich doof!«

»Meine Mama sagt, das macht dumm.«

»Ich will aber eine Prinzessin spielen.«

»Staawohs gibt's gar nicht in echt, das weiß mein großer Bruder ganz genau.«

»Ich will ein Geist sein.«

»Ich will auch ein Geist sein!«

Beim Wettbewerb der Obertonstimmen gewinnt am Ende die Staawohs-Gruppe, bestehend aus den Jungs und zwei Mädchen mit älteren Brüdern.

»Also gut«, unterbreche ich, »so, wie es ausschaut, sind die meisten Kinder für ein Star-Wars-Theaterstück, das heißt aber nicht, dass die anderen Vorschläge nicht berücksichtigt werden. Wir können ja selbst ein Theaterstück schreiben, und jeder kann spielen, was er will.« Sobald ich meinen Satz beendet habe, verteufle ich mich im selben Augenblick – ein Star-Wars-Theaterstück! Bin ich denn verrückt? Schon habe ich alle Kommentare meiner Schwabinger Eltern im Kopf: Gewaltverherrlichung, muss denn der Kindergarten Konsum unterstützen, wir haben extra keinen Fernseher zu Hause, damit mein Kind nicht mit so etwas konfrontiert wird, findest du das etwa ein passendes Kindergartenprogramm, wir versuchen grade unseren Jungen von Waffenspielen wegzubringen und so weiter.

Vielleicht kann ich die Kinder noch auf Hänsel und Gretel umpolen, schießt es mir durch den Kopf. Aber das ist doch die Geschichte, wo eine alte, böse Frau einen kleinen Jungen mästen und essen will. Das schlägt jedes herkömmliche Splattermovie um Längen. Vielleicht lieber Aschenputtel? Nein, auch nicht. Da sind doch die Stiefmutter und die Stiefschwestern so böse. Angesichts der vielen großstädtischen Patchworkfamilien auch nicht günstig. König Drosselbart? Nein, der lässt seine Frau putzen, um sie zu demütigen, geht gar nicht. Der Goldene Schlüssel? Auch nicht, da geht's um einen männlichen Serienmörder, und zum Schluss ist es ein rechtes Gemetzel à la Nibelungen, die Brüder gegen den Ehemann und so. Jetzt hab ich's, Rotkäppchen! Aber da fällt mir grad noch ein, dass sich die Großmutter, der Jäger und das kleine Rotkäppchen zum Schluss die Kante geben und eine

Flasche Wein gemeinsam trinken. So viel zum Thema Suchtprophylaxe ... Rumpelstilzchen. Ja, Rumpelstilzchen ist politisch korrekt. Oder? Fieberhaft überlege ich, ob ich die Kinder für Rumpelstilzchen begeistern kann. Wie ging die Geschichte genau? Ach ja, das erstgeborene Kind wird quasi verkauft, für eine gute Partie und etwas gesponnenes Gold. Nein, nein. Das Monetäre verherrlichen, das ist ja gegen meine eigenen Prinzipien, und Mütter, die bereitwillig ihr Kind hergeben, na, wenn das mal keine Urängste weckt. Das haut in die Kerbe: »Ich sag dir's zum letzten Mal, wenn du dich jetzt nicht anziehst, lass ich dich im Kindergarten, und gehe ohne dich!« (Kleine Anmerkung: Endet in der Regel mit Weinen und erheblicher Zeitverzögerung.)

Während ich noch überlege, sehe ich aus den Augenwinkeln, dass sich die ersten Kinder bereits Laserschwerter aus Papier gerollt haben und anfangen, sich mit höchster Freude in edler Kampfkunst zu üben. Die zierliche Zoe, die eigentlich als Prinzessin brillieren wollte und die im Übrigen *die* feinmotorische Leistungsträgerin unserer Gruppe ist, hat ihr Schwert natürlich als Erste gerollt und touchiert – nicht zu fest, dafür aber mit nerviger Penetranz die Popos der etwas langsameren Jungs, begleitet von einem ganz und gar nicht vornehmen Prinzessinnengelache.

Ich seufze. Dieser Zug scheint abgefahren.

Zukünftige Überlegungen meinerseits werden einer messerscharfen Argumentationskette gewidmet sein, warum »Staawohs« pädagogisch überaus wertvoll ist.

Am nächsten Tag beim gemeinsamen Frühstück besprechen wir die Rollenverteilung. Jedes Kind darf sich aussuchen, wen oder was es darstellen will, und die Kinder legen auch fest, ob ihr Charakter gut oder böse sein soll. (Natürlich hat kein Kind jemals Star Wars gesehen, lediglich Sülo dürfte gelegentlich unter heimlicher Aufsicht seines großen Bruders ein paar Folgen der Zeichentrickversion gesehen haben. Das reicht allemal, um sich von seiner Gruppe als anerkannte Koryphäe auf diesem Gebiet feiern zu lassen. Durch ein Star-Wars-Sammelbildfieber, das zurzeit den Kindergarten heimsucht, haben aber einige Kinder ein durchaus respektables Halbwissen (sagen wir eher Achtelwissen) über die Helden und deren Namen.)

Das Rollenaussuchen geht etwa so vonstatten:

Zoe: »Ich will eine schöne Prinzessin sein.«

Sülo: »Dann bist du Prinzessin Lea.«

Zoe: »Die Lea will ich gar nicht sein, die hat mich gestern gar nicht schaukeln lassen, obwohl man sich immer abwechseln muss, und außerdem ist sie keine Prinzessin.«

Schorschi (augenrollend genervt): »Des is doch bloß ein Name, aber du kannst auch Prinzessin Amydala sein, de gibt's in Staawohs.«

Sülo (autoritär): »Amydala ist aber eine Königin in Staawohs und keine Prinzessin. Zoe, du kannst doch ein Klonkrieger sein, da ist auch nicht schlimm, wenn du ein Mädchen bist, weil du eine Maske hast und man dich da nicht sieht.«

Zoe (triumphierend): »Wenn sie eine Königin ist, war sie aber vorher eine Prinzessin. Alle Königinnen sind Prinzessinnen, bevor sie heiraten, und ich habe dann noch nicht geheiratet. Und ich will eine böse Prinzessin sein!«

Sülo (herrschaftlich gelassen): »Amydala war auch böse, dass weiß ich ganz genau.«

Gruppe: stumm und voller Bewunderung für Sülo.

I. I.: »Ich will aber ein Geist sein.«

Hubertus (wissenschaftlich): »Das geht nicht, weil Staawohs ist im Universum oder vielleicht auch im Weltraum, und da gibt's keine Gespenster.«

I. I. (diplomatisch unschlagbar): »Dann bin ich eben ein Weltraumgeist und fliege unsichtbar.«

Hubertus (süffisant lächelnd): »Das geht überhaupt nicht, weil im Weltraum keine Luft zum Atmen ist.«

I. I. (süffisanter lächelnd und betont langsam sprechend): »Geister brauchen gar keine Luft zum Atmen.«

Hubertus schnappt sich ein Käsebrot und schweigt.

Fini (begeistert): »Ich will dann auch ein Weltraumgeist sein.«

Jaron (begeisterter): » Ich will auch ein Weltraumgeist sein, und wir sollen alle böse sein.«

Tamaki: »Und ich sollte ein Postbotengeist sein.«

Gruppe: »Häääh?«

Sülo schaut skeptisch.

Zum Schluss haben wir außer Amydala und den Geistern noch einen Luke Skywalker und seinen Freund Plokon (beide gut), einen Jedi Asu (gut) und Darth Vader (böse), einen goldenen Joda, einen grünen Joda (beide gut) und einen schwarzen Joda (böse). Und einen völlig entgeisterten Sülo, der schließlich in verzweifelter Resignation versinkt, weil ihm die Sache irgendwann irgendwie aus der Hand geglitten ist. Wir vereinbaren, den Eltern zu verheimlichen, dass wir ein Theaterstück zur Abschiedsfeier einüben. Es soll die ganz große Überraschung werden.

Aber natürlich wissen am nächsten Tag fast alle Eltern genauestens Bescheid. Und natürlich weiß ich, dass sie es wissen, daher bin ich vorbereitet. Meine Argumentationskette ist lückenlos.

»Ist euch dieses Star-Wars-Sammelkartentauschen schon aufgefallen? Furchtbar, nicht wahr. Was, euer Kind hat auch schon welche von der Oma bekommen, und jetzt habt ihr bei jedem Einkauf Terror, ihr Armen. Keine Ahnung, welche Eltern damit angefangen haben, ja, der reinste Konsumterror, ich weiß allerdings nicht, ob man das gleich als Vorstufe zur Sucht bezeichnen soll. Jedenfalls habe ich beschlossen, dieses Thema mal aufzugreifen. Man soll ja die Kinder immer da abholen, wo sie stehen, und wir werden gemeinsam ein Projekt entwickeln, damit die Kleinen die Erfahrung haben, dass man diese Dinge nicht nur konsumieren, sondern kreativ selber entwickeln kann. Das trägt auch ein bisschen zur Entzauberung dieser Sache bei. Ach, Dein Kind hat es dir schon verraten, nur heimlich ins Ohr geflüstert, verstehe. Na, jedenfalls ist der Gedanke der, die Kinder aus der Konsumecke rauszuholen und zum Autor, Choreographen, Bühnenbildner, Gewandmeister, Regisseur und Schauspieler zu machen. Und der Kampf Gut gegen Böse ist ja eines der Urthemen jedes bedeutenden Epos, angefangen von Gilgamesch bis zu J. R. R. Tolkiens *Herr der Ringe* und in einer trivialeren Form natürlich auch bei Harry Potter und Konsorten.

Auf alle Fälle ein Thema, das die emotionale Bedürfnislage der Kinder trifft.«

Zustimmendes Nicken bei den Eltern und stellenweise verträumtes Lächeln. Es ist, als ob ich in die Köpfe hineinsehen könnte (»... and the Oscar goes to Fini, Waldemar, Tamaki, ...« oder »Der diesjährige Nobelpreis für Literatur geht an Sülo, Hubertus, ...«). Jetzt scheint mir der richtige Zeitpunkt für einen Frontalangriff:

»Und wisst ihr, was das Beste ist? Wir werden natürlich auch mit Laserschwertern kämpfen. Das wird eine große Herausforderung werden, mit diesem Regelbruch umzugehen, natürlich haben wir Waffenverbot im Kindergarten, aber für dieses Projekt werden wir es temporär aufheben. Gerade eure Vorschulkinder haben jetzt die Reife zu verstehen, dass Dogmatismus nicht immer sinnvoll ist, dass man Regeln auch mal verändern kann.

Und die größte Aufgabe für die Kinder wird es sein, dem Sinn einer Waffe, der Aufforderung zum Kampf, zu widerstehen. Wir werden nicht kämpfen, sondern Kämpfen spielen! Das verlangt ein Höchstmaß an Selbstregulierung, das Wesen einer Waffe zu ignorieren beziehungsweise zu beherrschen.«

Zustimmendes Gemurmel bei den Eltern. Yeah, ich scheine es geschafft zu haben, unser Star-Wars-Projekt samt unvermeidlichem Laserschwerterkampf ist durch, keine Ethikdiskussion bei den Eltern, stattdessen immer noch Lächeln (»Und der diesjährige Friedensnobelpreis geht an ...).

Die Staawohs-Sache kann also losgehen.

Am nächsten Tag bei der Frühstücksbesprechung

mit den Kindern frage ich: »Wisst ihr, was ein Autor ist? Nein, kein Mercedes oder BMW, kein Auto, sondern ein Autor oder eine Autorin.«

Schorschi weiß Bescheid: »Freilich, jemand, der wo Bücher schreibt wie der Janosh, der hod *Oh wie schön ist Panama* gschriebn, und der is auch so ein Auto.«

Die ganze Gruppe ist jetzt bei der Sache: Hab ich auch gelesen, ich auch, mein Buch hat mein kleiner Bruder vollgekritzelt, und der Papa hat gesagt, ich bekomme ein neues Buch, aber er hat mir keins gekauft.

Jaron, das aktuelle Scheidungskind: »Dafür kauft mein Papa mir einen Roller, hat er gesagt, oder die Mama kauft mir den Roller.«

Fini: »Rollerfahren ist doof, ich kann schon Radfahren.«

Hubertus: »Ich doch auch schon.« (Gelogen, Hubertus lässt sich mit seinen sechs Jahren noch immer von der Mama im Fahrradsitz fahren und macht bislang keinerlei Anstalten, sich mit profanen Dingen wie Fortbewegung mittels eigener Körperkraft zu beschäftigen. Natürlich weiß das die ganze Gruppe und überhört Hubertus' letzte Bemerkung mit größtem Wohlwollen, was mich immer wieder wundert.)

Da Hubertus ein großer Geschichtenerzähler ist – zum Mythos des Fahrradfahrens kommen noch etliche andere –, frage ich ihn, ob er nicht ein Autor sein möchte und die Star-Wars-Geschichte erfinden will.

Will er nicht. Die Sonne lockt. Die letzten Tage haben meine Jungs damit verbracht, ein liebevoll von Vätern gebautes und von künstlerisch ambitionierten Müttern in hellen Pastelltönen bemaltes Prinzessinnenschloss im Garten mittels Wasser und Dreck in eine Art Schlammhöhle/-hölle zu verwandeln, die sie gegen Feinde zu verteidigen hatten. Der Feind war manchmal die Nachbarsgruppe, aber weil die Erzieherinnen immer lästig dazwischenfunken (meine Kolleginnen und ich nennen Dazwischenfunken übrigens Konfliktmanagement), ist er in der Regel unsichtbar, und die Bekämpfung des Feindes geschieht also nicht auf dem offenen Schlachtfeld, sondern es ist eher eine Art Guerillataktik mit Spurenlesen, Fallen legen und viel Phantasie.

Logisch, dass ein Autorendasein dagegen abstinkt. Zu meiner Überraschung wollen aber die Gespensterdarsteller, die eh nicht so begeistert von Star Wars sind, die Geschichte gestalten. Natürlich drei Mädchen. Auch Jaron beschließt plötzlich, dabei zu sein, was seiner augenblicklichen Schwärmerei für Fini geschuldet sein mag. Wir ziehen uns ins Büro zurück, und ich lese noch mal vor, wer gut oder böse sein wollte.

Laetizia legt sofort los. Das viele abendliche Vorlesen der Eltern hat Früchte getragen:

»Also, am Anfang beschäftigen sich die Guten mit sich, und die Bösen beschäftigten sich auch mit sich, und keiner interessiert sich für den anderen.«

Ich bin beeindruckt, ein sehr guter Auftakt. Und dann? Fini kriecht unter den Schreibtisch, Jaron popelt in der Nase, Laetizia steht vor lauter Aufregung auf und hüpft auf einem Bein, und I. I. legt sich aufs elfenbeinfarbene Bürosofa. Mein schon auf den Lippen liegendes »Doch nicht mit den schlammigen Gummistiefeln auf's Sofa« schlucke ich wieder hinunter, denn ich bin zu langsam.

I. I.: »Und dann machen die bösen Geister Kinderentführung!«

Damit sind alle einverstanden. Kinderentführung ist etwas ganz Schlimmes, und die Eltern warnen sie immer davor. Jaron gibt zu bedenken, dass bei Staawohs keine Kinder vorkommen, und schlägt eine Jodaentführung vor, und natürlich einen Laserschwerterkampf. Und Tamaki, die den Postbotengeist spielt, will unbedingt eine Nachricht überbringen.

Nach einer knappen Stunde voller Ideen (von allen außer Fini, die sich unter den Bürotisch zum versonnenen Blümchenmalen zurückgezogen hatte und nur einmal auftauchte, um zu verkünden, dass sie als Geist im Balletträckchen mit weißer Strumpfhose erscheinen wolle) stand das Stück. Um das Finale wurde noch etwas gekämpft: Sollten die Guten sterben, sollten alle sterben, oder sollten nur die Bösen sterben? Das Ergebnis befriedigt schließlich alle. Und Fini ist dann auch mit ihrem Blumenstillleben fertig.

Als ich später beim gemeinsamen Mittagstisch allen Kindern die entstandene Geschichte präsentiere, mache ich eine erstaunliche Entdeckung: Laetizia weiß noch haargenau, was sie gesagt hat, und ich muss es wortwörtlich wiederholen:

»Am Anfang beschäftigen sich die Guten mit sich, und die Bösen beschäftigten sich auch mit sich, und keiner interessiert sich für den anderen.«

Und so ist es mit allen anderen Autoren. Nicht werksgetreue Wiedergabe meinerseits wurde von heftigen Protesten begleitet. Ich habe zum Glück einen jungen Gymnasiasten als Schnupperpraktikanten in meiner Gruppe, der wird verpflichtet, alles detailgetreu mitzuschreiben und für den nächsten Tag zu tippen. Ich will nicht den Fehler machen, meine Starautoren zu verstimmen.

Mein lieber Scholli! Am nächsten Tag habe ich fünf originale Laserschwerter zu bestaunen. Daahhs wusste ich nicht! Es gibt ein generelles Waffenverbot im Kindergarten, aber dass meine Schwabinger Eltern ihre Kinder heimlich zu Hause mit einem Arsenal von Hightechwaffen ausstatten, ist ein starkes Stück. Sind das dieselben Eltern, die jedes neue Bilderbuch gegenlesen, ob es nicht vielleicht zu martialisch ist? Oder dieselben Eltern, die ein Elterngespräch mit mir brauchen, weil ihr Kind die Frühstücksbrezn in Revolverform zurechtgebissen hat, um ihnen damit zu drohen?

Um sicher zu gehen, frage ich nach (natürlich bei den Kindern, nicht bei den Eltern): »Habt ihr die gestern noch extra wegen des Theaterstücks besorgt?«

»Nee, haben wir schon lange«, erhalte ich unisono zur Antwort.

Na gut. Wir basteln uns noch ein paar Laserschwerter nach den Farbwünschen der Darsteller, und dann geht's an die Bühnengestaltung. Da wir nur noch rotes Papier von der Rolle haben und ich von meinen Eltern keinen Nachtragshaushalt genehmigt bekommen habe, müssen wir sparen, also gibt es ein rotes Universum. Dafür haben wir beim Gestalten der Planeten wieder Diskussionsspielraum. Ein paar Gestrige unter den Kindern wollen doch tatsächlich noch Sterne mit Zacken malen, werden aber sofort von Schorschi, Laetizia und Hubertus belehrt, dass Sterne auch Sonnen oder weiße oder höchstens noch schwarze Zwerge sind, nur weit weg.

Fini (enthusiastisch): »Ich male einen blauen Zwerg!«

Fast alle: »Nein, Fini!!!!!!!!!!«

Also gibt es neben einer inflationären Menge von Saturns auch eine Menge kleiner, runder, gelber Sonnen. Lenz besteht aber darauf, eine große Sonne zu malen, und lässt sich von nichts und niemanden umstimmen.

Hubertus: »Wenn du die Sonne so groß malst, ist sie auch nah, und wir würden in echt alle verbrennen, weil es so heiß ist.«

Lucille: »Da hilft dann auch keine Sonnencreme.«

Lenzi malt eine riesige Sonne.

Es wird ein wunderschönes Universum, das wir an der gesamten Fensterfront aufhängen, sodass es im Nachmittagssonnenlicht in wundersamen Rot- und Rosatönen sanft erstrahlt.

Mental sind wir jetzt gut für eine erste Probe in Stimmung gebracht. Ich verteile die Laserschwerter und schärfe allen ein, dass sie umsichtig damit umgehen sollen. Dann kniee ich mich zu Waldemar nieder und versuche, Blickkontakt aufzunehmen, ehe ich ihm sein Schwert überreiche, was nicht so einfach ist, weil Waldemar das Schwert wie ein hypnotisiertes Kaninchen visiert.

»Waldemar, Waldemar, schau mich doch bitte kurz an.«

Endlich dreht er seinen Kopf zu mir, weil eine innere Stimme zu ihm spricht, dass dies die notwendige Bewegung sei, um an das Schwert zu kommen.

»Waldemar, dieses Schwert ist nur zum Kämpfenspielen, du musst darauf achten, niemanden zu verletzen. Und dieses Schwert ist auch nur aus Papier, achte darauf, dass es nicht knickt.«

Die innere Stimme (die sicher zur dunklen Seite der Macht gehört) weist ihn wahrscheinlich auch an,

Verständnis heuchelnd zu nicken. Ich kann immerhin seine Iris sehen und betrachte zärtlich einen kleinen Speichelfluss vermischt mit den Frühstücksresten, der sich in Richtung Hals mäandert. Ich gebe ihm das Schwert, und wir fangen an zu proben:

»Am Anfang beschäftigen sich die Guten mit sich, und die Bösen beschäftigten sich auch mit sich, und keiner interessiert sich für den anderen ...«

Fünf Minuten später weint Tamaki, weil Waldemar ihr eins mit dem Laserschwert übergezogen hat. Und Waldemar? Waldemar schreit vor Schmerz, weil er Tamaki liebt und keinesfalls verletzen will und weil ihm eingefallen ist, dass ich mit ihm darüber gesprochen habe und er es vergessen hat. Es dauert zwanzig Sekunden Tamaki zu trösten, und es gibt eine Pause von zehn Minuten, bis Waldemar seinen Kummer überwunden hat und er sich wieder seiner Rolle als goldener Joda widmen kann. Diesmal mit mehr Intellekt und weniger Emotion (pissing Strasberg's Method Acting away).

Die Abschiedsfeier nebst Theaterstück wird ein beachtlicher Erfolg. Die Digicams laufen heiß, und nicht nur die Eltern unserer Gruppe, sondern auch viele andere Eltern und Kinder sehen zu. Es ist ein richtig großes Auditorium, und meine kleinen Lieblinge sind so stolz, begeistert und aufgeregt, dass für den eigentlichen Anlass der Feier, nämlich unseren Abschied, kein schnöder Gedanke übrig bleibt.

Wie immer bei einem Abschied heule ich wie ein Schlosshund, und ein paar Mütter weinen mit mir, während die Kinder uns etwas verwundert ansehen. Lediglich mein intellektueller Schorschi hat eine

Ahnung, um was es geht. Er ist schon an der Gartentür, dann dreht er sich um, läuft schnell noch zu mir, umarmt mich und flüstert mir ins Ohr: »So ein Kind wie mich wirst du bestimmt nicht mehr haben.«

Ich stimme in Gedanken zu, während ich seinen Duft aufsauge. Ich werde nie mehr so ein Kind wie Schorschi haben. Auch nie mehr eine Zoe, einen Waldemar, eine Tamaki, einen Hubertus und so weiter. Weil jedes Kind einzigartig ist.

Ein paar Wochen nach dem Schulbeginn im Herbst besucht mich Sülo mit seiner Mutter nach Feierabend.

»Ich will Schoß«, gebietet Sülo und erklettert denselben, ohne ein weiteres Wort zu sagen.

Ich sitze gerade auf einer Gartenbank im Kindergarten in der milden Herbstsonne. Ich sehe Gül erstaunt an.

»Er vermisst dich«, erklärt sie mir.

Beglückt und schweigend genieße ich Sülos Liebeserklärung.

Wir sitzen lange so da und reden nicht viel. Nur dass er jetzt in einem Fußballverein ist und ihm das mehr Spaß macht als die Schule, dass er sich aber trotzdem in der Schule große Mühe gibt und überaus traurig ist, wenn er mal einen Fehler gemacht hat.

»Und, wie sind deine neuen Kinder?«, fragt mich Gül nach einiger Zeit, träge in die Sonne blinzelnd. Sülo ist inzwischen in meinem Arm eingeschlafen und atmet tief und regelmäßig. Sein Kopf liegt in meiner Achselhöhle.

»Sie haben lustige Namen, wie Anand, Frieda, Liel,

Ilona, und sogar ein Werner ist dabei, den Namen finde ich ja besonders exotisch, und ich habe noch nicht viel Ahnung, wie sie sind. Ich muss sie erst noch besser kennenlernen«, antworte ich, während ich mit Sülos nachgewachsenen Locken spiele.